英検CBT®／
英検S-CBT専用

文部科学省後援

英検®準2級 予想問題ドリル

旺文社

はじめに

英検といえば，多くの人が思い浮かべるのは紙（問題用紙＋解答用紙）と面接によって行われる形でしょう。しかし，近年，英検には3つの新方式，「英検CBT®」「英検2020 1 day S-CBT®（英検S-CBT）」「英検2020 2 days S-Interview®」が生まれ，多様な受験のしかたが可能になりました。中でも，「英検S-CBT」「英検CBT」には，本書の中で説明しているように，試験日程が多く受験する日を選びやすい，パソコン操作になじみがある人には受験がしやすいといったメリットがあり，今後その受験者が増えることが予想されます。

本書には，「旺文社 英検対策ウェブ模試」がついており，新方式の「英検S-CBT」「英検CBT」を想定した模試を，ウェブ上で本番のように体験できます。「英検S-CBT」「英検CBT」はパソコンを使った試験ですので，受験にあたってはパソコンを使って試験の雰囲気をつかんでおくことが必要です。試験本番に備えるために，本書をぜひご活用ください。

書籍には，ウェブ模試と同じ模試2セットと，その解答解説を掲載しています。また,「Introduction」では英検新方式の内容や違いはもちろん，出題内容と攻略法も詳しく説明していますので，ご覧ください。

最後に，本書を刊行するにあたり，多大なご尽力をいただきました秋山安弘先生に，深く感謝の意を表します。

旺文社

Contents

本書制作スタッフ

執筆：秋山安弘

編集協力：株式会社カルチャー・プロ，鹿島由紀子，Jason Chau

録音：ユニバ合同会社

デザイン：相馬敬徳（Rafters）

『7日間完成 英検準2級予想問題ドリル［5訂版］』制作スタッフ

執筆：秋山安弘

編集協力：株式会社シー・レップス，久島智津子，Michael Joyce

録音：ユニバ合同会社

イラスト：駿高泰子，有限会社アート・ワーク

デザイン：相馬敬徳（Rafters）

本書の利用法

Introduction

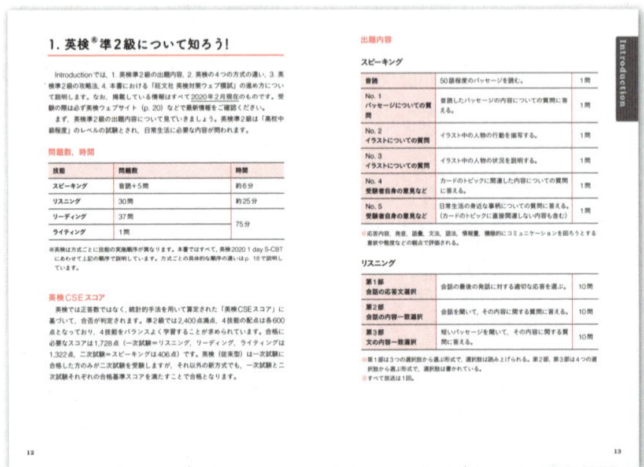

1. 英検®準2級について知ろう!

Introductionでは，1. 英検準2級の出題内容，2. 英検の4つの方式の違い，3. 英検準2級の攻略法，4. 本書における「旺文社 英検対策ウェブ模試」の進め方について説明します。なお，掲載している情報はすべて2020年2月現在のものです。受験の際は必ず英検ウェブサイト（p. 20）などで最新情報をご確認ください。

まず，英検準2級の出題内容について見ていきましょう。英検準2級は「高校中級程度」のレベルの試験とされ，日常生活に必要な内容が問われます。

問題数，時間

技能	問題数	時間
スピーキング	音読＋5問	約6分
リスニング	30問	約25分
リーディング	37問	75分
ライティング	1問	

※英検は方式ごとに技能の実施順序が異なります。本書ではすべて，英検2020 1 day S-CBTにあわせて上記の順序で説明しています。方式ごとの具体的な順序の違いはp. 18で説明しています。

英検CSEスコア

英検では正答数ではなく，統計的手法を用いて算定された「英検CSEスコア」に基づいて，合否が判定されます。準2級では2,400点満点，4技能の配点は各600点となっており，4技能をバランスよく学習することが求められています。合格に必要なスコアは1,728点（一次試験＝リスニング，リーディング，ライティングは1,322点，二次試験＝スピーキングは406点）です。英検（従来型）は一次試験に合格した方のみが二次試験を受験しますが，それ以外の新方式でも，一次試験と二次試験それぞれの合格基準スコアを満たすことで合格となります。

12

出題内容

スピーキング

音読	50語程度のパッセージを読む。	1問
No. 1 パッセージについての質問	音読したパッセージの内容についての質問に答える。	1問
No. 2 イラストについての質問	イラスト中の人物の行動を描写する。	1問
No. 3 イラストについての質問	イラスト中の人物の状況を説明する。	1問
No. 4 受験者自身の意見など	カードのトピックに関連した内容についての質問に答える。	1問
No. 5 受験者自身の意見など	日常生活の身近な事柄についての質問に答える。(カードのトピックに直接関連しない内容も含む)	1問

※応答内容，発音，語彙，文法，語法，情報量，積極的にコミュニケーションを図ろうとする意欲や態度などの観点で評価される。

リスニング

第1部 会話の応答文選択	会話の最後の発話に対する適切な応答を選ぶ。	10問
第2部 会話の内容一致選択	会話を聞いて，その内容に関する質問に答える。	10問
第3部 文の内容一致選択	短いパッセージを聞いて，その内容に関する質問に答える。	10問

※第1部は3つの選択肢から選ぶ形式で，選択肢は読み上げられる。第2部，第3部は4つの選択肢から選ぶ形式で，選択肢は書かれている。
※すべて放送は1回。

Introduction

13

出題内容，新方式の内容と違い，攻略法，ウェブ模試の進め方について詳しく説明しています。まずは英検の新方式についての理解を深めましょう。

Test 1 / Test 2を解く

リスニングテスト

試験時間 約25分

準2級リスニングテストについて

❶このリスニングテストには，第1部から第3部まであります。
★英文はすべて一度しか読まれません。
第1部：対話を聞き，その最後の文に対する応答として最も適切なものを，放送される**1**, **2**, **3**の中から一つ選びなさい。
第2部：対話を聞き，その質問に対して最も適切なものを**1**, **2**, **3**, **4**の中から一つ選びなさい。
第3部：英文を聞き，その質問に対して最も適切なものを**1**, **2**, **3**, **4**の中から一つ選びなさい。
❷*No. 30*のあと，10秒すると試験終了の合図がありますので，筆記用具を置いてください。

第*1*部 L1-01～L1-11

No. 1 ～ *No. 10*（選択肢はすべて放送されます。）

40

第2部 L1-12～L1-22

No. 11
1 She does not like to fly.
2 She does not sleep well on airplanes.
3 She has nothing to read during the flight.
4 She cannot sleep well after the flight.

No. 12
1 Make photocopies of documents.
2 Pick up the kids with Rachel.
3 Put some files on his boss's desk.
4 Email the woman some documents.

No. 13
1 She doesn't like classical concerts.
2 She has to go to another concert.
3 She has to go to class.
4 She has to study at home.

No. 14
1 Whether to buy a pet rabbit.
2 Who is driving.
3 Where to go for dinner.
4 When to leave the house.

No. 15
1 Decide which college he wants to attend.
2 Tell the schools about his visit.
3 Talk to his teachers.
4 Complete his college applications.

No. 16
1 She is going to be late.
2 She needs directions to the clinic.
3 She has a question for the doctor.
4 She wants to change her appointment.

Test 1 Listening

41

模試2セットに挑戦しましょう。英検S-CBTや英検CBTの疑似体験ができる「旺文社 英検対策ウェブ模試」（p. 8参照）で問題を解くのがおすすめですが，この書籍を使って解くこともできます。2セットありますから，学習の初めに1セット目を解いて実力を知り，しばらく学習を進めて自信がついてから2セット目を解くなど，うまく活用してください。

答え合わせ

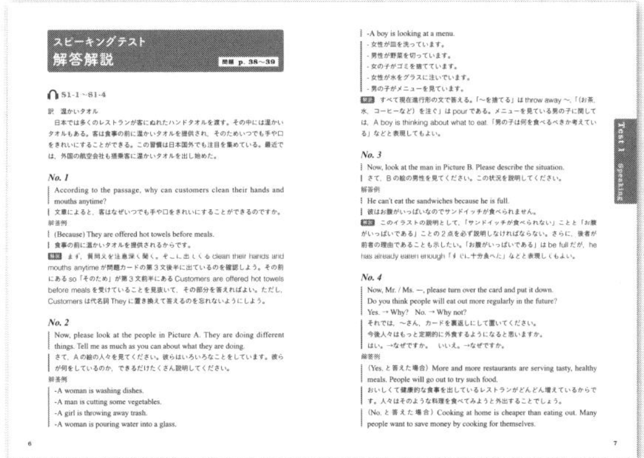
スピーキングテスト
解答解説
問題 p. 38～39

S1-1～S1-4

訳　温かいタオル

日本では多くのレストランが客にぬれたハンドタオルを渡す。その中には温かいタオルもある。客は食事の前に温かいタオルを提供され，そのためいつでも手や口をきれいにすることができる。この習慣は日本国外でも注目を集めている。最近では，外国の航空会社も搭乗客に温かいタオルを出し始めた。

No. 1

According to the passage, why can customers clean their hands and mouths anytime?

文章によると，客はなぜいつでも手や口をきれいにすることができるのですか。

解答例

(Because) They are offered hot towels before meals.

食事の前に温かいタオルを提供されるからです。

解説　まず，質問文を注意深く聞く。そこに出てくる clean their hands and mouths anytime が問題カードの第3文後半に出ているのを確認しよう。その前にある so「そのため」が第3文前半にある Customers are offered hot towels before meals を受けていることを見抜いて，その部分を答えればよい。ただし，Customers は代名詞 They に置き換えて答えるのを忘れないようにしよう。

No. 2

Now, please look at the people in Picture A. They are doing different things. Tell me as much as you can about what they are doing.

さて，Aの絵の人々を見てください。彼らはいろいろなことをしています。彼らが何をしているのか，できるだけたくさん説明してください。

解答例

-A woman is washing dishes.
-A man is cutting some vegetables.
-A girl is throwing away trash.
-A woman is pouring water into a glass.
-A boy is looking at a menu.

- 女性が皿を洗っています。
- 男性が野菜を切っています。
- 女の子がゴミを捨てています。
- 女性が水をグラスに注いでいます。
- 男の子がメニューを見ています。

解説　すべて現在進行形の文で答える。「～を捨てる」は throw away ～，「(お茶，水，コーヒーなど) を注ぐ」は pour である。メニューを見ている男の子に関しては，A boy is thinking about what to eat.「男の子は何を食べるべきか考えている」などと表現してもよい。

No. 3

Now, look at the man in Picture B. Please describe the situation.

さて，Bの絵の男性を見てください。この状況を説明してください。

解答例

He can't eat the sandwiches because he is full.

彼はお腹がいっぱいなのでサンドイッチが食べられません。

解説　このイラストの説明として，「サンドイッチが食べられない」ことと「お腹がいっぱいである」ことの2点を必ず説明しなければならない。さらに，後者が前者の理由であることも示したい。「お腹がいっぱいである」は be full だが，he has already eaten enough「すでに十分食べた」などと表現してもよい。

No. 4

Now, Mr. / Ms. —, please turn over the card and put it down.
Do you think people will eat out more regularly in the future?
Yes. → Why?　No. → Why not?

それでは，～さん，カードを裏返しにして置いてください。
今後人々はもっと定期的に外食するようになると思いますか。
はい。→なぜですか。　いいえ。→なぜですか。

解答例

(Yes. と答えた場合) More and more restaurants are serving tasty, healthy meals. People will go out to try such food.

おいしくて健康的な食事を出しているレストランがどんどん増えているからです。人々はそのような料理を食べてみようと外出することでしょう。

(No. と答えた場合) Cooking at home is cheaper than eating out. Many people want to save money by cooking for themselves.

6　7

問題を解き終わったら，まず答え合わせをしましょう。本書では別冊に解答解説を掲載しています。ウェブ模試では，リスニングとリーディングについては自動で正解か不正解かが出るので，手軽に自分の正答率を確認できます。スピーキングとライティングについては，本書別冊p. 2の「自己採点について」もよく読んで，自分の解答がどれくらいよくできていたか考えてみましょう。

自分の実力が確認できたら，必ず復習をしましょう。間違えた問題の解説をよく読み，なぜ間違えたのかを正確に理解しましょう。この作業をしないと，わからないところがわからないままになってしまいます。実力を伸ばすためには，復習が必須です。

また，ウェブ模試では，模試を最初から最後まで通して学習するだけでなく，特定の問題を選んで解くこともできます。間違えてしまった問題やどうしても正解できない問題だけを繰り返し解くこともできますので，自分に合った形で活用してください。

ウェブ特典について

本書では，英検S-CBTと英検CBTの疑似体験ができる「旺文社 英検対策ウェブ模試」を提供しています。

- 本書に掲載されているのと同じ問題2セットを，パソコンを使ってウェブ上で解くことができます。
- リスニング・リーディングは自動で正答率を確認できます。
- スピーキング・ライティングは解答を保存でき，復習ができます。
- 模試全体を通して解くだけでなく，特定の問題だけを選んで練習することもできます。

利用方法

❶以下のURLにアクセスします。
https://eiken-moshi.obunsha.co.jp/

❷利用規約を確認し，氏名とメールアドレスを登録します。

❸登録したアドレスにメールが届きますので，記載されたURLにアクセスし，登録を完了します。

❹本書を選択し，以下の利用コードを入力します。
kysp2

❺以降の詳しいご利用方法は，p. 30からの説明と，ウェブ模試内のヘルプをご参照ください。

推奨動作環境

対応OS：Windows 10，8.1

ブラウザ：

Windows OSの場合：最新バージョンのChromium版Microsoft Edge, Google Chrome

Mac OSの場合：最新バージョンのGoogle Chrome

インターネット環境：ブロードバンド　画面解像度：1024×768以上

ブラウザの機能利用には，JavaScript，Cookieの有効設定が必要です。

- ご利用のパソコンの動作や使用方法に関するご質問は，各メーカーまたは販売店様にお問い合わせください。
- この模試サービスの使用により生じた，いかなる事態にも一切責任は負いかねます。
- 本サービスは予告なく終了されることがあります。

音声について

本書に収録している模試のスピーキングとリスニングの音声は，ウェブ模試（p. 8参照）の中で聞く以外に，以下のいずれかの方法で聞くことができます。

旺文社リスニングアプリ「英語の友」（iOS/Android）で音声再生

❶「英語の友」公式サイトより，アプリをインストール
https://eigonotomo.com/
（右のQRコードからもアクセスできます）
❷アプリ内の「書籍を追加」ボタンを押し，ライブラリを開く
❸ライブラリより本書を選択し，「追加」ボタンを押す

- 本アプリの機能の一部は有料ですが，本書の音声は無料でお聞きいただけます。
- アプリの詳しいご利用方法は「英語の友」公式サイト，あるいはアプリ内のヘルプをご参照ください。
- 本サービスは，予告なく終了することがあります。

音声データをダウンロード

❶前のページ（p. 8）の記載内容に従って，パソコンで「旺文社 英検対策ウェブ模試」にアクセスし，登録をする。
❷登録が完了したら，トップ画面から「音声ダウンロード」ボタンをクリックする。
❸必要な音声をダウンロードし，音声を再生できる機器で利用する。

- 音声の再生にはMP3を再生できる機器などが必要です。ご使用機器，音声再生ソフトに関する技術的なご質問は，ハードメーカーもしくはソフトメーカーにお願いいたします。

音声ファイル名は，以下のようになっています。

Test 1	**スピーキングテスト：S1-1～S1-4**
	リスニングテスト：L1-01～L1-33
Test 2	**スピーキングテスト：S2-1～S2-4**
	リスニングテスト：L2-01～L2-33

Introduction

1. 英検準2級について知ろう！
2. 英検 新方式について知ろう！
3. 英検準2級の攻略法を知ろう！
4. ウェブ模試の進め方

1. 英検®準2級について知ろう！

Introductionでは，1. 英検準2級の出題内容，2. 英検の4つの方式の違い，3. 英検準2級の攻略法，4. 本書における「旺文社 英検対策ウェブ模試」の進め方について説明します。なお，掲載している情報はすべて2020年2月現在のものです。受験の際は必ず英検ウェブサイト（p. 20）などで最新情報をご確認ください。

まず，英検準2級の出題内容について見ていきましょう。英検準2級は「高校中級程度」のレベルの試験とされ，日常生活に必要な内容が問われます。

問題数，時間

技能	問題数	時間
スピーキング	音読＋5問	約6分
リスニング	30問	約25分
リーディング	37問	75分
ライティング	1問	

※英検は方式ごとに技能の実施順序が異なります。本書ではすべて，英検2020 1 day S-CBTにあわせて上記の順序で説明しています。方式ごとの具体的な順序の違いはp. 18で説明しています。

英検CSEスコア

英検では正答数ではなく，統計的手法を用いて算定された「英検CSEスコア」に基づいて，合否が判定されます。準2級では2,400点満点，4技能の配点は各600点となっており，4技能をバランスよく学習することが求められています。合格に必要なスコアは1,728点（一次試験＝リスニング，リーディング，ライティングは1,322点，二次試験＝スピーキングは406点）です。英検（従来型）は一次試験に合格した方のみが二次試験を受験しますが，それ以外の新方式でも，一次試験と二次試験それぞれの合格基準スコアを満たすことで合格となります。

出題内容

スピーキング

音読	50語程度のパッセージを読む。	1問
No. 1 **パッセージについての質問**	音読したパッセージの内容についての質問に答える。	1問
No. 2 **イラストについての質問**	イラスト中の人物の行動を描写する。	1問
No. 3 **イラストについての質問**	イラスト中の人物の状況を説明する。	1問
No. 4 **受験者自身の意見など**	カードのトピックに関連した内容についての質問に答える。	1問
No. 5 **受験者自身の意見など**	日常生活の身近な事柄についての質問に答える。(カードのトピックに直接関連しない内容も含む)	1問

- 応答内容，発音，語彙，文法，語法，情報量，積極的にコミュニケーションを図ろうとする意欲や態度などの観点で評価される。

リスニング

第1部 **会話の応答文選択**	会話の最後の発話に対する適切な応答を選ぶ。	10問
第2部 **会話の内容一致選択**	会話を聞いて，その内容に関する質問に答える。	10問
第3部 **文の内容一致選択**	短いパッセージを聞いて，その内容に関する質問に答える。	10問

- 第1部は3つの選択肢から選ぶ形式で，選択肢は読み上げられる。第2部，第3部は4つの選択肢から選ぶ形式で，選択肢は書かれている。
- すべて放送は1回。

リーディング

1. 短文の語句空所補充	文脈に合う適切な語句を補う。	20問
2. 会話文の文空所補充	会話文の空所に適切な文や語句を補う。	5問
3. 長文の語句空所補充	パッセージの空所に文脈に合う適切な語句を補う。	5問
4. 長文の内容一致選択	パッセージの内容に関する質問に答える。	7問

●すべて4つの選択肢から1つの正解を選ぶ形式。

ライティング

英作文	質問に対して，意見とその理由を2つ示して50～60語で書く。	1問

●「内容」「構成」「語彙」「文法」の4つの観点から採点される。

2. 英検 新方式について知ろう！

英検には4つの方式があります。以下の説明をよく読んで，違いを理解したうえで，試験に臨みましょう。

- **英検2020 1 day S-CBT®**
- **英検CBT®**

（本書が取り扱う新方式）

- **英検®（従来型）**
- **英検2020 2 days S-Interview®**

このうち，英検2020 2 days S-Interviewは，CBT方式では対応しきれない，受験上の配慮が必要な障害等のある（S-CBT，CBTを受験できない）受験者のための試験です。以下ではこの試験についての説明は省略していますので，詳しく知りたい方は公益財団法人 日本英語検定協会のウェブサイト（p. 20）などを通してお問い合わせください。

違いは受験方式のみ

4つの方式のいずれも，出題形式や難易度，合否判定の基準などは全く同じで，受験方式が異なるだけです。したがって，どの方式で受験する場合でも，試験対策は同じです。(英検S-CBT, 英検CBTではPC機器などに対する慣れは必要であり, それについてはp. 21で説明しています)

資格はすべて同じ

いずれの方式で合格しても，資格としての扱いは全く同じであり，生涯有効な資格としての利用が可能です。

ただし，大学入試で利用する場合は，必ず各大学の入試要項をご確認ください。

ちなみに…

大学入試では多くの大学で資格として活用されています。大学入試で民間試験を活用している大学のうち，推薦・AO入試では98.6%，一般入試では92.3%で英検が利用されています。(旺文社教育情報センター調べ，2019年度入試)

併願が可能

異なる方式を併願することができます。例えば8～11月の間に，英検S-CBT，英検CBT，英検（従来型）と最大で3つの方式を受験することが可能で，大学入試などではそのうちの良かったスコアを利用することができます。

次ページで説明しているとおり，英検S-CBTと英検CBTは1つの検定回の中に複数の実施日があり，特に英検S-CBTは多く実施されているため，柔軟に受験日を選んで組み合わせることが可能です。

また，英検CBTと英検（従来型）では，同じ日の午前と午後など異なる時間に異なる級を受験することも可能です。

準2級だけを3回受験する例

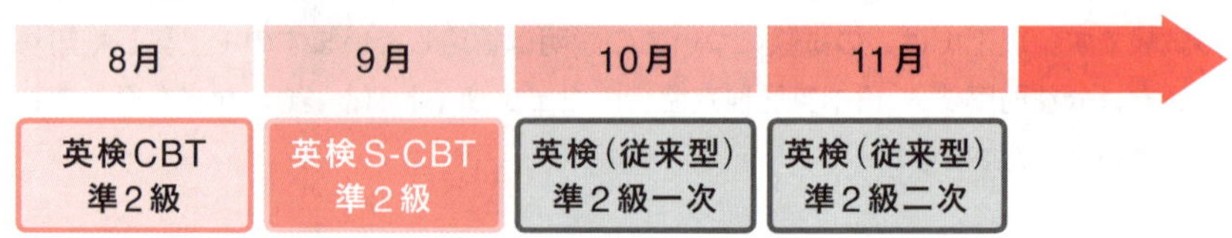

同じ日に複数の級を受験する例

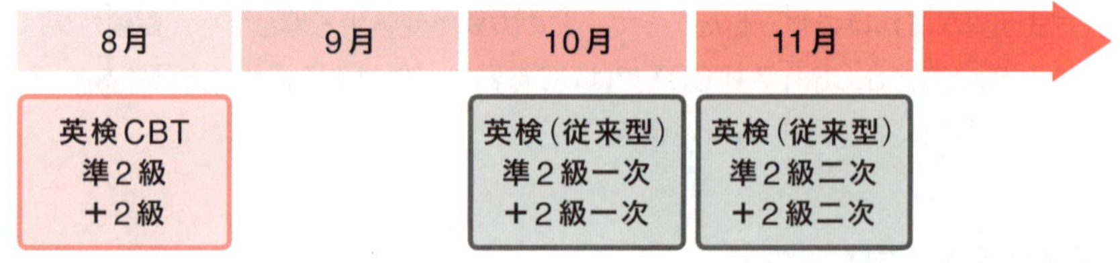

別の日に複数の級を受験する例

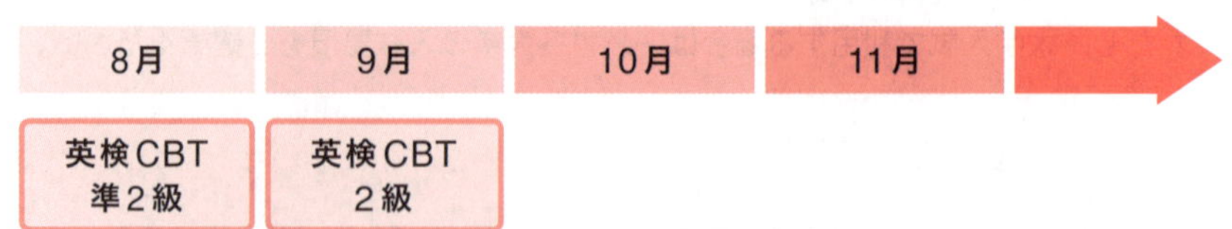

実施概要

（2020年度のもの。2021年度以降は変更可能性あり）

	英検 2020 1 day S-CBT	英検 CBT	英検（従来型）
級	準1級～3級	準1級～3級	1級～5級
回数	年2回の検定の期間内にそれぞれ複数回実施があるので，希望の日を選んで受験 ・4～7月 ・8～11月	年3回の検定の期間内にそれぞれ複数回実施があるので，希望の日を選んで受験 ・4～7月 ・8～11月 ・12～3月	年3回，決まった日に受験 ・5～6月／6～7月 ・10月／11月 ・1月／2～3月
受験資格	誰でも	誰でも	誰でも
日数	1日ですべて終了	1日ですべて終了	一次試験合格者のみ別日に二次試験を受験
会場	全都道府県	北海道，宮城県，埼玉県，千葉県，神奈川県，東京都，石川県，愛知県，京都府，大阪府，兵庫県，広島県，福岡県，香川県，沖縄県	全都道府県

ここで注意すべきは実施回数です。いずれも年2～3回ですが，英検（従来型）は決まった日に受験するのに対して，英検S-CBTと英検CBTでは，それぞれの検定回の中に複数の実施日があり，希望の受験日を選ぶことができます。特に英検S-CBTは，受験日が多く設定されています。

例えば，英検S-CBTの第1回検定は4～7月で，その期間内の毎週末に試験が予定されています。その範囲から自分が受けたい日を選んで受験することができます。

解答のしかた

(2020年度のもの。2021年度以降は変更可能性あり)

	英検 2020 1 day S-CBT	英検 CBT	英検（従来型）
順序	①スピーキング ②リスニング ③リーディング ④ライティング	①スピーキング ②リーディング ③ライティング ④リスニング	①リーディング ②ライティング ③リスニング ④スピーキング
スピーキング	PC（マイクに向かって話す）	PC（マイクに向かって話す）	面接
リスニング	紙（PC画面を見てマークシートに解答）	PC（PC画面を見て解答をクリック）	紙（問題冊子＋マークシート）
リーディング	紙（PC画面を見てマークシートに解答）	PC（PC画面を見て解答をクリック）	紙（問題冊子＋マークシート）
ライティング	紙（PC画面を見て紙に手書きで解答）	PC（画面を見てタイピング）	紙（問題冊子＋手書き）

解答のしかたがそれぞれ異なります。すべてPCを使用するのが英検CBT，紙を使用し，スピーキングでは面接を行うのが従来型です。英検S-CBTは両者の中間のような形式です。

英検CBT®の出題順序 および 実施回数等の変更についてのお知らせ

2020年7月実施の試験から、英検CBTの出題順序が下記のとおり変更されました。

変更前	**変更後**
①スピーキング ②リーディング ③ライティング ④リスニング	**①スピーキング** **②リスニング** **③リーディング** **④ライティング**

本書では、英検CBTについて「変更前の出題順序」に従って説明しています。出題順序以外の変更はありませんので、引き続きご使用いただくことが可能です。

なお、書籍に付随するサービス「旺文社 英検®対策ウェブ模試」については修正を完了しており、「変更後の出題順序」で英検CBTの模試に取り組んでいただくことが可能です。

また、2020年8月から、英検CBTの実施回数が増えて原則毎週土日に実施となることや、実施エリアの拡大が予告されています。詳しくは、公益財団法人 日本英語検定協会の公式ウェブサイトをご確認ください。

2020年7月
旺文社

※本書では「英検S-CBT」は英検2020 1 day S-CBT®のことを指しています。

どの方式を選べばいいの？

英検S-CBTや英検CBTが合っている人はどんな人か，まとめました。選ぶ際の参考にしてください。

こんな人に英検S-CBTと英検CBTがおすすめ！

- 複数の実施日から自分に合った受験日を選びたい
- スピーキングは，人と話す面接よりも，マイクに向かって話すのがいい
- PC画面で問題を読むのは気にならない

そして……

ライティングは手書きがいい！	ライティングはタイピングがいい！
↓	↓
英検S-CBTがおすすめ！	**英検CBTがおすすめ！**

面接委員と話すスピーキング，問題も解答も紙を使用するリスニング，リーディング，ライティングを希望する場合は，英検（従来型）を選ぶとよいでしょう。

申し込みはどうすればいいの？

以下の方法で申し込みましょう。なお, 方式により団体受験もありますが, 以下では個人受験について説明しています。団体受験については, 所属する学校などにお問い合わせください。

英検2020 1 day S-CBT	英検ウェブサイト（このページ下部参照）の，英検2020 1 day S-CBT，英検CBT，それぞれのページから申し込みができます。 ※2020年2月現在，英検CBTは会場がすぐに埋まってしまう傾向があります。早めに申し込むようにしましょう。
英検CBT	
英検（従来型）	以下の3つが可能です。 **インターネット**……英検ウェブサイトから申し込みます。 **コンビニ**……各コンビニの情報端末を操作し, レジで支払いをします。 **特約書店**……特約書店で検定料を支払い,「書店払込証書」を受け取り,「願書」と一緒に郵送します。特約書店は英検ウェブサイトで検索ができます。

公益財団法人 日本英語検定協会
https://www.eiken.or.jp/
03-3266-8311（平日9:30～17:00、祝日・年末年始を除く）

実施概要，内容や試験方式など，試験についての情報は変わることがありますので，必ず受験前に英検ウェブサイトなどでご確認ください。

 **英検S-CBTや英検CBTを受ける場合，何か特別な対策をすべき？**

 **内容面では従来型と同じなので特別な対策は必要ありませんが，PCを利用する試験ですので，以下のようなことを行っておくと万全でしょう。本書に付属の「旺文社 英検対策ウェブ模試」では，PCを使って本番同様の試験を体験することができますので，ぜひ活用してください。**

PC画面で英文を読む 英検S-CBT 英検CBT

PC画面で長時間にわたって英文を読み続けるのは，経験がないと目が疲れてしまって集中できない可能性があります。画面で文章を読むことに慣れておく必要があるでしょう。

マイクに向かって話す 英検S-CBT 英検CBT

面接委員という相手がいる状況といない状況，どちらの方が話しやすいかは，人によって異なります。やってみないと適性はわかりませんので，相手がいない中で決められた時間内に話すという練習をしておく必要があるでしょう。

また，面接であれば，解答する際に少し時間を過ぎてしまっても，言い終えるまで待ってもらえる可能性があります。しかし，英検S-CBTや英検CBTでは，制限時間が来たら，何かを話している途中でもそこで解答を切られてしまいます。そういった機械的な進行にも慣れておく必要があるのです。

実際の試験で使うようなヘッドセットがあれば理想的ですが，なければ，自分のスマートフォンなどを活用して録音してみましょう。タイマーのアプリなどを使って，制限時間内に言い終える練習をしましょう。

タイピングをする 英検CBT

キーボードを使ったタイピングが苦手だと，書きたい内容がどれほど充実していても思うように書き進めることができず，実力を発揮できません。英検だけでなく，学生生活や社会人生活でも役立つ技術ですので，ぜひ練習して，速いタイピングができるようになっておきましょう。

3. 英検準2級の攻略法を知ろう！

スピーキング

音読	50語程度のパッセージ（文章）を読む

出題内容……文章が提示されると最初に20秒間の黙読時間が与えられます。その後で，音読するように指示されますので，文章を声に出して読みます。

解き方……黙読するときには，意味のまとまりに注意しながら，文章全体の意味をつかむことを目標にしましょう。文章は,〈現状の説明〉→〈新しい動き〉→〈今後の見込み〉という流れで進んでいくのが典型的です。音読では，個々の単語の発音やアクセントが重要なことは言うまでもありませんが，見落としがちなのは意味の区切りです。はっきりした声で，意味の区切りに注意しながら，相手にメッセージが伝わるようにていねいに読んでいくようにしましょう。なお，速く読めば良い評価になるというわけではありませんので，焦らず正確に読みましょう。

No. 1	音読したパッセージの内容についての質問に答える

出題内容……音読終了後に，パッセージの内容に関する質問が出されます。

解き方……まず，質問されている箇所を文章の中から見つけ出します。多くの場合，その前にあるso「それで」やby doing so「そうすることによって」やin this way「このようにして」の指すものを答えることが求められます。解答が〈主語＋動詞〉の形になる場合，質問と重複する主語の部分を代名詞に変えることを忘れないようにしましょう。

No. 2	イラスト中の人物の行動を描写する	説明箇所5つ

出題内容……イラスト（Picture A）に描かれている5つの動作を描写します。

解き方……それぞれの動作について，すべてA man [woman / boy / girl] is *doing* ～. などと現在進行形を用いて1文で説明します。進行形のbe動詞や必要な冠詞は，強く発音する必要はありませんが，落とさないように注意しましょう。

No. 3	イラスト中の人物の状況を説明する	説明箇所2つ

出題内容……イラスト（Picture B）に描かれている状況を説明します。

解き方……説明すべき点が2つあることに注意しましょう。イラストにはメインの状況や動作の他に吹き出しがあり，その人物の考えていることなどが示されていますので，その両方を説明するようにします。その2つの事柄は，多くの場合，*A*, so *B*.「A，だからB」や*A*, but *B*.「A，しかしB」などの関係にあります。

No. 4　カードのトピックに関連した内容についての質問に答える

出題内容……カードのトピックに関連して「～は…すべきだと思いますか」などと質問されますので，まず，Yes. かNo. で答え，その後でその理由を説明します。
解き方……まずは質問を正確に聞き取ることが大切です。Yes. またはNo. の後に話す理由は，きちんとその立場の理由になっていなければなりません。理由は，1文で終わりにするのではなく，2文程度に膨らませて答えましょう。2文目は1文目の補足説明をしても，別の理由を挙げても構いません。また，No. 4の質問はNo. 5と違い，一般的な質問であることにも注意します。I like ～.「私は～が好きです」やI often *do* ～.「私はよく～します」のような個人的な好みや習慣だけでは理由として説得力がありません。

No. 5　日常生活の身近な事柄についての質問に答える

出題内容……最近の人々の傾向などについて説明された後に，それに関連する受験者自身の行動などを問われます。No. 4と同様に，Yes. / No. で答えた後，その理由などを説明します。
解き方……No. 4と違って，自分のことを答えればよい問題です。Yes. の場合には，I often *do* ～.「私はよく～します」などと自分の習慣や経験を説明すればよいでしょう。No. の場合には，I have no time to *do* ～.「～する時間がありません」や*Doing* ～ is expensive.「～することは高価です」などの答えが幅広い質問に対して使えますので，覚えておくと便利です。

スピーキングの学習ポイント

- **直前チェック!** イラスト説明の問題を実際にやってみましょう。現在進行形のbe動詞を落とさないように注意します。
- 「花を植える（plant a flower）」，「犬の散歩をする（walk a dog）」，「握手する（shake hands）」などの基本動作を表す表現を覚えましょう。
- 音読は英語学習の基本です。教科書の文章はもちろんですが，読解問題などで読んだ文章も，必ず音読するように心がけましょう。

●自分の習慣や趣味，体験などを英語で説明してみましょう。期間を区切って英語で日記を毎日つけると決めて，その日にあったことを書いてその文章を音読するのもいい練習になります。

リスニング

第１部	会話の応答文選択	放送回数１回	10問

出題内容……A→B→Aの短い会話の後に，それに続くBの発言として3つの選択肢が読まれます。選択肢は書かれていません。

解き方……まず，会話をしている２人の関係と会話の場面や状況をすばやくつかみます。最後の発言には特に注意して，会話の流れに合う選択肢を選びます。最後の発言が疑問文になっていてその応答を選ぶパターンや，勧誘・依頼・励ましなどに対する応答を選ぶパターンなどが出題されます。よく出題される「2人の話者の関係」と「会話の場面や状況」は以下のとおりです。

２人の話者の関係

- 友人や同僚同士
- 家族（親子や夫婦など）
- 店員と客
- 見知らぬ者同士

会話の場面や状況

- 家，学校，職場
- 店，レストラン，ホテル，映画館
- 電話（問い合わせや注文）
- 路上，駅，バス停，空港

第２部	会話の内容一致選択	放送回数１回	10問

出題内容……A→B→A→B（→A）の対話の後，その内容についての質問が読まれます。解答時間は10秒で，答えの選択肢は書かれています。

解き方……第１部と違って，解答の選択肢があらかじめ書かれていますので，会話が始まる前に選択肢にさっと目を通して，聞き取るべきポイントを予測しておきましょう。2人の話者の関係と会話の場面や状況をつかむことは第１部と同様です。基本的には会話の細部について問われますが，会話全体の内容や，登場人物の今後の行動を問う質問が出されることもあります。

第３部	文の内容一致選択	放送回数１回	10問

出題内容……英文が読まれた後に，その内容についての質問が読まれます。解答時間は10秒で，答えの選択肢は書かれています。

解き方……第2部と同様，あらかじめ4つの選択肢にさっと目を通し，聞き取るべきポイントを予測しておきましょう。英文を聞く際には，第1文でトピックを捉えて，それが次の文にどのようにつながっていくのかを意識しながら聞き進めていくのがコツです。トピックのテーマとしては，架空のある人物についての話が最も多くを占め，その他にアナウンスと，社会・文化・科学的トピックが出題されます。

過去に出題されたテーマ例

アナウンス	授業での伝達，機内でのお知らせ，コンサートや講演会でのMC
社会・文化・科学的トピック	動物，昆虫，料理，野菜，行事，歴史上の出来事

リスニングの学習ポイント

- **直前チェック!** 問題を解くなどして，買い物・道案内・レストラン・電話などでよく使われている表現を確認しておきましょう。
- ラジオ講座や英語ニュース・映画や母語話者の先生による授業など，英語を聞く機会をできるだけ多く持つように心がけましょう。また，その際に1回で情報をつかむ努力をすることも大切です。
- 音読練習の際に, オーバーラッピング（文章を見て音声に重ねながら音読）やシャドーイング（文章を見ずに音声に重ねながら音読）をしましょう。リスニングとスピーキングの両方の力がつきます。

リーディング

筆記1	短文の語句空所補充	目標時間12分	20問

出題内容……短文または会話文中の空所に入る適切な語句を，4つの選択肢から1つ選ぶ問題です。多くの場合，最初の10問が単語，次の7問が熟語，最後の3問が文法の問題です。単語問題では，名詞が4問程度，動詞が4問程度，形容詞・副詞が2問程度出題される傾向があります。熟語では，動詞や形容詞と結びつく前置詞に注意しましょう。会話表現もよく出題されます。文法では, 前置詞と関係代名詞・関係副詞，時制や不定詞・動名詞・分詞などの動詞に関することが重要です。

解き方……まず，問題文全体を読み通して，空所部分の意味を予測します。その上で，選択肢を眺めてその予測と合うものを選ぶのが基本的な解き方です。選択の決め手となる部分は空所の前にも後にもありうるので，どちらにもよく注意しましょう。最後に，空所に選んだ語を入れて，全体の意味が通ることを確認します。

筆記2	会話文の文空所補充	目標時間8分	5問

出題内容……AとBの2人の会話文の空所に入る適切な語句や文を，与えられた4つの選択肢から選ぶ問題です。A-B-A-Bの2往復の会話が3つ（空所は各1問），A-B-A-B-A-B-A-Bの4往復の会話が1つ（空所は2問）出題されます。

解き方……その会話がどんな状況でのものかを推測して話の流れを捉えることが重要です。まず，会話全体を読み通して，空所に入る内容を予測しながら文脈に合う選択肢を選ぶのが基本的な解き方です。特に空所前後の発話と応答の関係に注意しましょう。例えば，空所後の答え方からどんな質問だったか答えるという問題もあります。さらに，会話に出てくる代名詞が手がかりになることもありますので，代名詞が出てきたら，何を指しているのか考えるようにしましょう。

筆記3	長文の語句空所補充	目標時間15分	[A]2問 [B]3問

出題内容……長文の空所に入る適切な語句を，4つの選択肢から選ぶ問題です。出題される長文は［A］（約150語で2段落程度），［B］（約250語で3段落程度）の2つで，テーマは［A］が「ある人物の出来事」で，［B］が「社会的・科学的な記事」です。空所は各段落に1つずつあり，選択肢は単語ではなく複数の語から成ります。

解き方……空所までの部分を読み，話の流れをつかみます。空所を含む文は特にていねいに読み，空所にどのような内容が入るか推測したうえで，4つの選択肢を空所に入れて意味が一番自然に通る選択肢を選びます。空所を含む部分の内容がその前後で言い換えられている場合が多いことも覚えておきましょう。また，文章の流れを理解するには接続表現（however「しかしながら」，moreover「さらに」，for example「例えば」，as a result「その結果」など）の働きを理解することが大切です。これらの接続表現そのものを選ぶことが問題になっている場合もあります。

筆記4	長文の内容一致選択	目標時間20分	[A]3問 [B]4問

出題内容……長文の内容に関する質問について適切な答えを4つの選択肢から選ぶ問題です。出題される長文は［A］［B］の2つで，［A］がメール文（約200語で3段落程度），［B］が社会的・科学的な記事（約300語で4段落程度）です。質問は各段落の内容に関して1つずつ問われます。

解き方……設問は各段落について1問ずつ問われますので，段落ごとに英文を読んで解答していくと解きやすいかもしれません。文章を読んだら，質問を読み，最初にその質問で用いられている語句から問われている部分を特定します。次に，その前後の文をていねいに読み，解答の根拠となる部分を見つけ出し，その内容を言い表している選択肢を選びましょう。選んだ選択肢は本文中での表現の言い換えであることが多いことも覚えておきましょう。また，文章全体の意図や流れを理解することも大事です。[A] のメール文では，ヘッダーの件名をヒントに，メール文の用件は何かを推測します。[B] の文章では，タイトルから内容を予測し，段落ごとに主要な論点をつかんでいきます。文章は，「序論（トピックの提示やその背景）」→「本論（社会的な変化や現象などの中心的な内容）」→「結論（まとめや今後の展望など）」という流れで書かれていることも知っておくと便利です。

過去に出題されたテーマ例

[A] メール文	合宿への参加申し込み，学校行事への参加依頼，料理コンテスト，コンサートへの誘い，テスト勉強
[B] 社会的・科学的な記事	消防，動物保護，ある民族，人形，リサイクル楽器

リーディングの学習ポイント

● **直前チェック!** メール文の構成を理解しましょう。基本的に手紙文と同じですが，メール文にはヘッダーと呼ばれる部分があります。誰が（From: ～），誰に（To: ～），いつ（Date: ～），どのような用件か（Subject: ～）がわかります。

メールのヘッダーの例

From: Akiko Clark <akiko-clk@gomail.com> **差出人とメールアドレス**
To: Mary Allison <maryallison@r7.newglobe.or.ca> **受取人とメールアドレス**
Date: July 6 **メールを出した日付**
Subject: The dinner party **メールの件名（主要な用件）**

●記事などの論説文は，「序論（introduction）」→「本論（main body）」→「結論（conclusion）」という流れで書かれていることを理解しましょう。

●論説文の構成を頭に入れながら，パラグラフリーディングの練習をしましょう。パラグラフリーディングとは，各段落の主要な内容をつかみ，それをつなぎ合わせることで，文章全体の流れを大きくつかむ読み方です。それに慣れることで，より速く正確に読むことが可能になります。

●文と文を結び，文章全体に流れを作る接続詞や接続表現と，その働きを理解しましょう。例えば，接続表現には次のようなものがあります。

接続表現の例

逆接	however「しかしながら」, nevertheless「それにもかかわらず」など
追加	moreover「さらに」, in addition「さらに」, besides「その上」など
対比	on the other hand「その一方で」, at first「最初は（〜だが）」など
因果関係	therefore「それゆえに」, as a result「その結果」など

ライティング

筆記5	50〜60語の英作文	目標時間20分	1問

出題内容……学習・スポーツ・余暇・住居など，家庭や学校での日常生活に関する質問に対して，答えを50〜60語の英語で書きます。解答する英文の中に「自分の意見」と「その理由2つ」を書くことが指示されています。

解き方……最初に，質問を正確に理解して，書く英文の方針を簡単にメモしましょう。まずは「自分の意見」ですが，質問は，ほとんどの場合，Do you think ～?「～だと思いますか」なので，賛成か反対のどちらの立場をとるかを決めます。次にその理由を箇条書きで書き出していきます。それとは逆に，賛成と反対の両方の理由をとにかく書き出してみて，書きやすそうな方を自分の意見とする方法もあります。メモができたら，いよいよ書き始めます。英文の構成は，「意見」→「理由2つ」→「まとめ」です。理由を書くときには，1文で終わるのではなく，2文程度に膨らませて書きましょう。書き終わったら，読み返して，指示された語数の範囲内に収まっているかを確認したうえで，採点基準である以下の観点について確認します。

- 内容（QUESTIONで示された質問に対応した内容か）
- 構成（「意見」→「理由2つ」→「まとめ」の構成ができているか）
- 語彙・文法（語彙・文構造は正しく用いられているか）

ライティングの学習ポイント

●**直前チェック!** 解答例に目を通して，パラグラフライティングの構成と組み立て方を確認しておきましょう。教科書や英検対策本などを利用してもよいでしょう。

●意見を述べるとき，2つの理由を挙げるとき，まとめを述べるときにそれぞれ使える定型の表現があります。解答例などをよく読み込み，実際に使えるようによく練習しておきましょう。

●教科書にある例題や英検などの過去問を利用して，実際に学校生活や日常生活に関する質問に対して英語で書いてみましょう。書く前に自分でそのトピックについて英語で話してみたり，友達と英語で会話したりしておくと，スムーズに書けることがあります。可能ならば，書き終わった英文は先生や友達に読んでもらって，感想や要修正箇所を指摘してもらうとさらに良い練習になります。

4. ウェブ模試の進め方

試験を始めるまで

●まず，p. 8にある説明に従って，ユーザー登録，書籍の登録をします。
●それが済んだら，「実践」「練習」のどちらを受けるか決めます。

実践

本番のように最初から最後まで通して受けたい場合に選択してください。途中で休憩することも可能です。再開したときに続きから解答することができます。

練習

特定の問題だけ選んで解きたい場合に選択してください。

●「実践」を選ぶ場合は，その中で「S-CBT」と「CBT」のどちらで試験を行うかを決めます。

S-CBT

スピーキング→リスニング→リーディング→ライティングの順で行われます。実際の試験では，パソコン画面を見て，紙の解答用紙に記入しますので，本番のとおりにしたい場合は，そのように進めてください。本書に付属の解答用紙をご利用ください。

ただし，本書のウェブ模試におけるS-CBTでは，CBTのように正解をクリックして解答することも可能です。その場合，リスニングとリーディングでは自動で正答率が示されますので，結果の確認に便利です。

CBT

スピーキング→リーディング→ライティング→リスニングの順で行われます。実際の試験は，すべてパソコンを使って行われますので，そのように進めてください。

●「練習」を選ぶ場合は，自分が解答したい問題を選んでください。選んだ問題の解答が終わると，トップ画面に戻ります。

スピーキング

●ここから,「実践」を選んだ場合の進め方について説明します。本書に付属の「旺文社 英検対策ウェブ模試」の進め方ですが，実際の英検S-CBT，英検CBTでもほぼ同様の進め方になっています。

●S-CBTとCBTのどちらを選んだ場合でも，スピーキングから始まります。最初に，ヘッドセットの音量調整があります。聞こえてくる音量を調整した後，マイクに向かって話しかけ，マイクの音量を調整します。

●以降，画面の指示に従って，マイクに解答を吹き込んでいきます。

※画面はすべて開発中のものです。実際とは異なる場合があります。

リスニング

●次に，S-CBTではリスニングを行います（CBTではリスニングが最後になります）。

●始まる前に，改めて音量の調整をします。なお，試験中はいつでも音量を調整することができます。

●S-CBTでは，画面で問題を見て，紙の解答用紙に正解と思われる解答の番号をマークします。ただし，本書のウェブ模試では，解答をクリックして進めても構いません。CBTでは，解答をクリックして進めます。

●音声は1度だけ放送されます。放送に沿って進めてください。

●「あとで見直す」ボタンがあります。気になった問題に印をつけておくと，後で戻って再検討することができます。

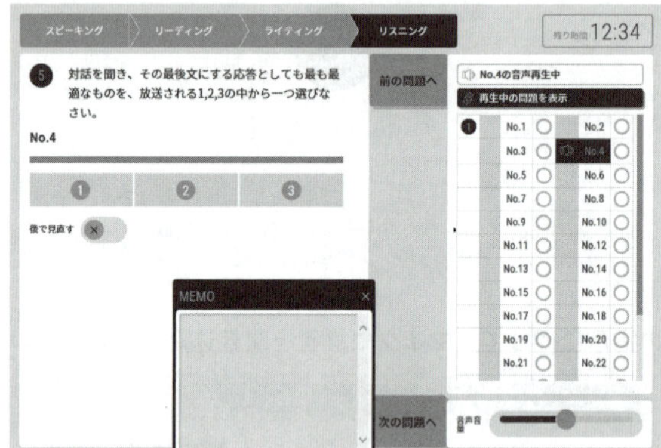

リーディング

- S-CBTでは，次にリーディングを行います。
- リスニングと同じく，S-CBTでは画面で問題を見て，紙の解答用紙に正解と思われる解答の番号をマークします。ただし，本書のウェブ模試では，解答をクリックして進めても構いません。CBTでは，解答をクリックして進めます。
- リーディングとライティングでは問題を自由に移動できるので，長文から，ライティングからなど，自由な順番で進めることができます。
- 「あとで見直す」ボタンがあります。気になった問題に印をつけておくと，後で戻って再検討することができます。
- 長文では，「赤ペン」「マーカー」を使って長文に印をつけることができます。つけた印は，「消しゴム」で消すことができます。

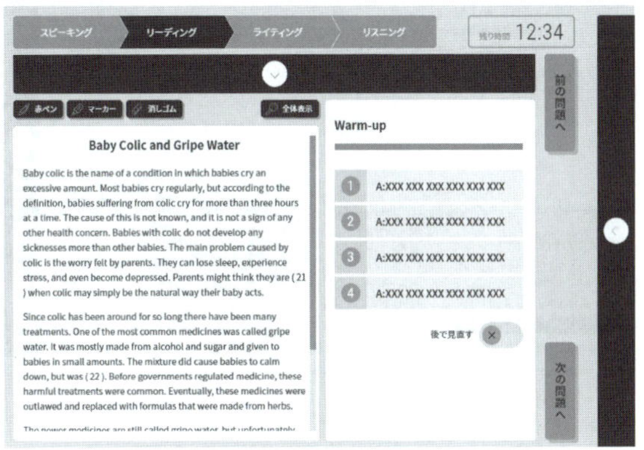

ライティング

●S-CBTでは，最後にライティングを行います。ただし，リーディングとライティングでは問題を自由に移動できるので，リーディングの前にライティングを行うこともできます。

●S-CBTでは，画面で問題を確認したら，解答用紙に手書きで自分の解答を書きます。ただし，本書のウェブ模試では，キーボードを使って画面に記入しても構いません。CBTでは、キーボードを使って画面に記入します。

●画面に入力する場合，「コピー」「貼り付け」のボタンを使うと、まとまった量の文章をコピーして，別の場所に移動することができます。

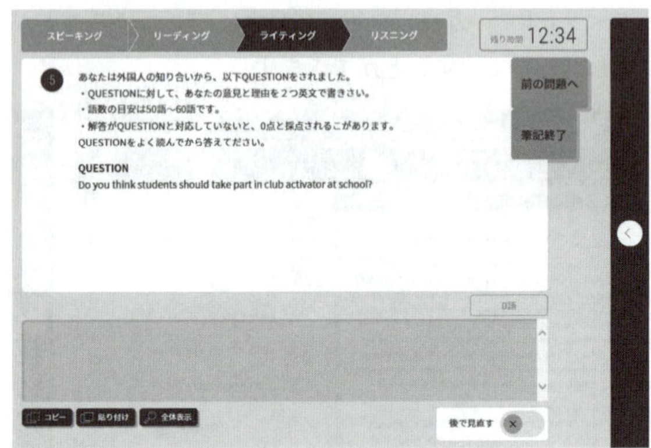

解答が終わったら

●すべての問題の解答が終わったら，正解を確認しましょう。

●リスニングとリーディングでは，クリックして解答した場合は，自動で自分の正答率が出ます。

●スピーキングとライティングでは，自分の解答が保存されていますので，後で確認することができます。

●別冊p. 2の「自己採点について」を確認したうえで，自分の解答を確認しましょう。間違った問題は，書籍で解説をよく読み，なぜ間違えたのかを理解するようにしましょう。

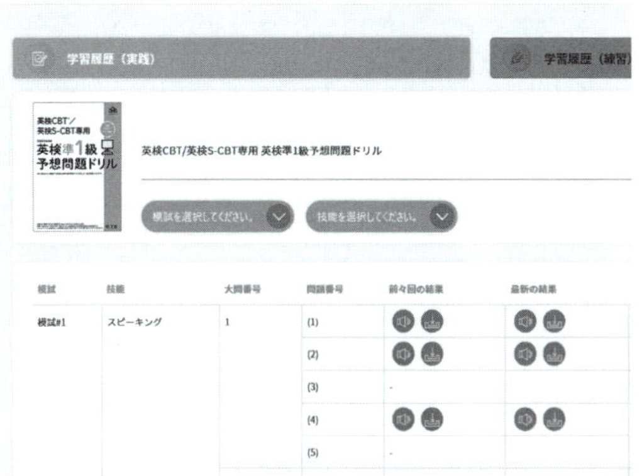

Test 1

スピーキングテスト

リスニングテスト

筆記試験（リーディング＋ライティング）

スピーキングテスト

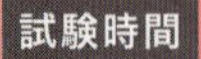 約6分

S1-1～S1-4

問題カード

Hot Towels

In Japan, many restaurants give customers wet hand towels. Some of them are hot towels. Customers are offered hot towels before meals, so they can clean their hands and mouths anytime. This practice is gaining attention outside of Japan. Recently, even foreign airlines have begun giving hot towels to their passengers.

A

B

Questions

※音声を聞いて質問に答えてください。各質問はここに掲載していません。

No. 1

No. 2

No. 3

No. 4

No. 5

リスニングテスト

試験時間 約**25**分

準2級リスニングテストについて

❶このリスニングテストには，第1部から第3部まであります。

★英文はすべて一度しか読まれません。

第1部：対話を聞き，その最後の文に対する応答として最も適切なものを，放送される**1**, **2**, **3**の中から一つ選びなさい。

第2部：対話を聞き，その質問に対して最も適切なものを**1**, **2**, **3**, **4**の中から一つ選びなさい。

第3部：英文を聞き，その質問に対して最も適切なものを**1**, **2**, **3**, **4**の中から一つ選びなさい。

❷***No. 30***のあと，10秒すると試験終了の合図がありますので，筆記用具を置いてください。

第*1*部 L1-01～L1-11

No. 1 ～ ***No. 10***（選択肢はすべて放送されます。）

第 2 部 L1-12〜L1-22

No. 11

1 She does not like to fly.
2 She does not sleep well on airplanes.
3 She has nothing to read during the flight.
4 She cannot sleep well after the flight.

No. 12

1 Make photocopies of documents.
2 Pick up the kids with Rachel.
3 Put some files on his boss's desk.
4 Email the woman some documents.

No. 13

1 She doesn't like classical concerts.
2 She has to go to another concert.
3 She has to go to class.
4 She has to study at home.

No. 14

1 Whether to buy a pet rabbit.
2 Who is driving.
3 Where to go for dinner.
4 When to leave the house.

No. 15

1 Decide which college he wants to attend.
2 Tell the schools about his visit.
3 Talk to his teachers.
4 Complete his college applications.

No. 16

1 She is going to be late.
2 She needs directions to the clinic.
3 She has a question for the doctor.
4 She wants to change her appointment.

No. 17

1 He tried to use it.
2 He tried to give it back to its owner.
3 He left it where he found it.
4 He put it in his pocket.

No. 18

1 The trains have stopped running.
2 She does not like riding the train.
3 She can get to the restaurant faster.
4 The city is not safe at night.

No. 19

1 Book a room.
2 Visit the clock tower.
3 Find the hotel.
4 Go to the city hall.

No. 20

1 The woman shut her eyes.
2 The man pressed the wrong button.
3 The camera ran out of batteries.
4 Someone walked in front of the camera.

第3部 L1-23～L1-33

No. 21

1 She talks to the coach.
2 She encourages them to help her.
3 She hears them out when they have issues.
4 She plays harder than anyone.

No. 22

1 It is only eaten in Scotland.
2 It is only eaten on holidays.
3 It is eaten along with other foods.
4 It is not very popular.

No. 23

1 He mostly plays jazz music.
2 He has played many concerts abroad.
3 He has been playing the piano since a young age.
4 He only practices on Saturdays and Sundays.

No. 24

1 They can ask a clerk.
2 Sale items are marked with a sticker.
3 Everything is on sale until Sunday.
4 Sale items are near the entrance.

No. 25

1 Ms. Simmons will receive an award.
2 Ms. Simmons will move to another school.
3 Ms. Simmons will no longer teach.
4 Ms. Simmons will prepare to teach five classes.

No. 26

1 People can see fireworks every night.
2 People can get cheaper tickets now.
3 People should bring their own food.
4 People should carry their ID cards.

No. 27

1 He worked in a game company.
2 He went to Japanese school.
3 He met his friends in Tokyo.
4 He played with his host brother.

No. 28

1 One character builds some windmills.
2 One character mistakes windmills as giants.
3 One character travels to find a hero.
4 One character saves 500 million people.

No. 29

1 His grandfather taught him about it.
2 He learned about it while visiting Tanzania.
3 He took a class about it in school.
4 He wanted something to do on the weekends.

No. 30

1 Help the teachers with their jobs.
2 Make a speech every day.
3 Be involved with the school dance.
4 Teach students how to dance.

筆記試験（リーディング＋ライティング）

試験時間 **75分**

1

次の **(1)** から **(20)** までの（　　）に入れるのに最も適切なものを **1**, **2**, **3**, **4** の中から一つ選び，その番号を解答用紙の所定欄にマークしなさい。

---

(1) Mrs. Brown worked so hard that she (　　　) the report in a week.

1 connected　**2** completed　**3** occurred　**4** closed

(2) Kelly wanted to sell her car, so she took it to a car dealer to find out its (　　　).

1 range　**2** appointment　**3** view　**4** value

(3) ***A:*** Jimmy, which wine shall we order with our meal?
B: I don't have any special (　　　). You decide.

1 confidence　**2** sense　**3** insurance　**4** preference

(4) ***A:*** How was the baseball game, Jeff?
B: We won by a score of 5-2. So we had a big party to celebrate our (　　　).

1 process　**2** victory　**3** practice　**4** memory

(5) ***A:*** Do we have to (　　　) a room?
B: No, you can have separate rooms.

1 order　**2** occupy　**3** share　**4** correct

(6) ***A:*** The weather report said it will clear up in the afternoon, so we can play tennis.

B: Oh, good. But if it continues to rain, let's go see the movie (   ).

1 suddenly **2** quickly **3** back **4** instead

(7) ***A:*** I wonder when I'll be able to visit you.

B: Please come and see me when it is (   ) for you.

1 helpful **2** convenient **3** polite **4** generous

(8) ***A:*** I'm sorry to (   ) you, but could you explain again how to use this machine?

B: Certainly, sir. But please give me a moment to finish this first.

1 bother **2** miss **3** catch **4** gather

(9) ***A:*** Hi, Jane! Would you like to play tennis this afternoon?

B: I'd love to, but I have an (   ) with the dentist.

1 approach **2** appointment **3** explanation **4** illness

(10) ***A:*** If you buy two pairs of socks, you get a 20 percent discount.

B: Oh, that's good, so I can (   ) some money.

1 control **2** save **3** hide **4** support

(11) Jill is planning to plant some flowers in her garden tomorrow, but it (   ) on the weather.

1 occurs **2** depends **3** decides **4** looks

(12) Computers have brought (   ) many changes in our society. Many people say we are no longer able to live a day without them.

1 up **2** into **3** about **4** along

(13) (   ) the newspaper, there was a big earthquake in Mexico yesterday.

1 Up to **2** Thanks to **3** According to **4** Such as

(14) ***A:*** Susie, why were you late?

B: Well, I was (　　　　) to leave my house when my aunt suddenly stopped by.

1 open　　**2** afraid　　**3** sorry　　**4** about

(15) The results from the study showed that students often (　　　　) a nap in the afternoon.

1 fall　　**2** take　　**3** drive　　**4** give

(16) ***A:*** Adam is very friendly with Steve. What do they have in (　　　　)?

B: They belong to the same tennis club.

1 case　　**2** life　　**3** return　　**4** common

(17) ***A:*** John, can you help me with my biology report?

B: I'm brushing my teeth right now. Can you wait a (　　　　)?

1 state　　**2** silence　　**3** moment　　**4** period

(18) Dorothy made her son (　　　　) the violin every day, but actually he wasn't so interested in music.

1 practice　　**2** to practice　　**3** practicing　　**4** practiced

(19) ***A:*** Look! There's a cat in the house.

B: Someone must have left the door (　　　　).

1 be opened　　**2** opening　　**3** open　　**4** to open

(20) If it (　　　　) tomorrow, the baseball game will be canceled.

1 rains　　**2** will rain

3 would rain　　**4** may have rained

2

次の四つの会話文を完成させるために，*(21)* から *(25)* に入るものとして最も適切なものを **1**, **2**, **3**, **4** の中から一つ選び，その番号を解答用紙の所定欄にマークしなさい。

---

(21) *A:* Would you like some more cookies, Terry?
B: No, thank you. (*21*).
A: Really? I thought you would eat a little more.
B: Sorry. I've decided to go on a diet recently.

1 I have to leave now
2 I've had enough
3 They are too sweet for me
4 I'll order a new one

(22) *A:* What shall we do for dinner tonight?
B: How about trying that new Italian restaurant?
A: Hmm, I (*22*).
B: Again? You always want Chinese noodles!

1 am not hungry at all
2 heard that the restaurant is good
3 would rather have Chinese food
4 really want to eat spaghetti

(23) *A:* What can I do for you?
B: I'm looking for a copy of the latest book by Joshua Evans.
A: Oh, I'm afraid (*23*).
B: I see. I'll try somewhere else, then.

1 we sold our last copy just a little while ago
2 we sent it to you three days ago
3 your copy has not been printed yet
4 he has not finished writing the book

A: What is the best way to go to the airport?

B: By subway, if you want to save time.

A: (*24*)?

B: That depends on the traffic.

A: Do you think that (*25*)?

B: Let's see. It's almost noon, so it's not that bad.

A: Well, I have three heavy bags.

B: Then it's better to go by taxi.

(24) **1** How often do I have to change trains
2 How many bus stops are there
3 How much does it cost
4 How long will it take by taxi

(25) **1** the traffic is heavy now
2 it will be cheaper to go by subway
3 the airport is far away
4 you could take me there

次の英文A，Bを読み，その文意にそって**(26)**から**(30)**までの（　　）に入れるのに最も適切なものを**1**，**2**，**3**，**4**の中から一つ選び，その番号を解答用紙の所定欄にマークしなさい。

A Cute Bag

Sayaka loves cute items. Two weeks ago, she went downtown to do some shopping. She went into a small shop and found a very cute bag there. According to the shop owner, it was a handmade bag imported from France, and there was only one left at the store. She liked the bag very much, but it (*26*), so she couldn't buy it. A few days later when she visited the shop again, the bag had already been sold to someone else. She was a little disappointed.

One day later, Sayaka's grandparents called her to invite her to their house. It was Sayaka's birthday, so they baked a birthday cake and gave her a present. When she opened it, she (*27*). It was the very bag she had really wanted. They knew Sayaka loved cute things and thought she would like it. Sayaka was very happy.

(26)
1 was not her taste　**2** was not for sale
3 was expensive for her　**4** was quite reasonable

(27)
1 got very embarrassed　**2** was very surprised
3 became hungry　**4** changed her mind

3

B After-Hours Activities

In America, many company workers start their day at 7:30 a.m. or so. That doesn't necessarily mean that Americans wake up earlier than Japanese, but that they need less time to commute than Japanese. Because Americans start working earlier, they (*28*). And so there is much time left for evening activities.

Most married people will go home to be with their families after work. In America, eating dinner and drinking with fellow workers is less popular than in Japan. In a family where both parents work, making a nice dinner isn't always easy. Even so, having dinner and spending time with one's family is still (*29*) in most homes. On the other hand, unmarried people may go and have fun at their favorite places. Many restaurants give discounts from 5 p.m. to 7 p.m. They often go to the gym, jog, play tennis or basketball. In the summer, when it gets dark very late, people may even play golf outside.

Finally, there are concerts, movies, and other shows. One difference between America and Japan is the starting time of these events. Concerts and plays will usually start at 7:30 p.m. or later, so there is plenty of time to have dinner first. Movies usually have two evening showings, one at around 7 p.m. and the other at around 9 p.m. (*30*), it's possible to have dinner before or after going to see a movie. Most Americans go by car, so they don't have to worry about the last train home.

(28) **1** finish work earlier
2 work much harder
3 take their work more seriously
4 think more positively

(29) **1** believed to be lazy **2** seen as a special event
3 considered very important **4** regarded as old

(30) **1** On the other hand **2** In contrast
3 On the contrary **4** Therefore

次の英文[*A*], [*B*]の内容に関して，*(31)* から *(37)* までの質問に対して最も適切なもの，または文を完成させるのに最も適切なものを **1**，**2**，**3**，**4** の中から一つ選び，その番号を解答用紙の所定欄にマークしなさい。

From: John Anderson <johnand@amelion.or.ca>
To: Masao Kato <kato-m@g2.liud.or.jp>
Date: July 3
Subject: Welcome

Dear Masao,

I'm very happy to hear that you're coming here to study at Hudson University beginning this autumn. My major is economics, but I think I'll be able to get a lot of information about the psychology program for you. I hear that there are some excellent professors in the department, but that they require hard work of their students. I believe that's not a problem for you, though.

You said that you're thinking about renting an apartment near the university. If you don't mind sharing a room with somebody, I can introduce a good roommate, Mike, who is also planning to rent an apartment near here. He is majoring in computer science, and is one of my best friends. He belongs to a basketball club.

The other day, I met Nancy at a Japanese restaurant downtown. We hadn't seen each other since we came back from Japan. She was also very glad to hear that you will come here in September. We agreed to have a big welcome party for you on your arrival. Please let me know what you would like to eat first in America.

Best wishes,

John

(31) Masao is planning to

1 study hard to become a professor.
2 major in both psychology and economics.
3 study at Hudson University.
4 work for the department of psychology.

(32) What does John suggest Masao do?

1 Major in computer science with Mike.
2 Go and watch a basketball game.
3 Choose an apartment far from the school.
4 Share an apartment with one of his friends.

(33) John and Nancy are planning to

1 have a party for Masao.
2 go back to Japan with Masao.
3 have dinner at a Japanese restaurant.
4 find an apartment for Masao.

The Miso Boom

The scientist Ikeda Kikunae was the first person to discover "umami" in 1908, but it only became widely known in English late in the last century. The easiest way to understand the meaning of the flavor is by eating miso. Miso is believed to have come from ancient China. The word "miso" was first seen in a history book from the Heian period. Back then, miso was a luxury food in Japan: it was given as a gift and as a salary for high-ranking workers.

Later, miso became more of a general food, and in the Kamakura period, miso soup was invented. In various countries, people can enjoy miso soup in Japanese restaurants. Miso has been sold in Asian supermarkets internationally for a long time. Since around 2014, however, chefs in many countries have been mixing miso with foods from their own cultures.

In the UK, some restaurants put miso with caramel or cream to make rich sauces for classic British cakes and puddings. It is also popular as an ice cream topping, a popcorn flavor and as part of a smoothie drink. In France, miso can be found in salad dressing and is now a new flavor in meat and fish dishes. Some Americans enjoy baking miso bread, and there are several countries where miso is eaten instead of butter on toast at breakfast time.

Now, many countries are producing their own miso. In the U.S., some miso is made with peas. And in Holland, a healthy kind of bean is used. The Meru Miso company in Australia was started by just two people, but is now a major company, and they sell their miso to top restaurants around the country. A popular recipe book has been published, and it has shown regular people how to use miso in their own kitchens. Thanks to this book, more and more miso is sold each year around the world.

(34) It is said that miso
1 was first eaten by the scientist Ikeda Kikunae.
2 did not originally come from Japan.
3 is a widely known gift around the world.
4 is given to workers in high positions in China.

(35) What have cooks overseas been doing since 2014?
1 Opening restaurants in Japan.
2 Introducing people to miso soup.
3 Adding miso to their own national dishes.
4 Selling miso in Asian supermarkets in their countries.

(36) In certain parts of the world, miso is
1 one of the most popular flavors of ice cream.
2 served on the side instead of salad dressing.
3 spread on toasted bread in the morning.
4 used to prevent meat and fish from burning.

(37) Why are miso sales rising every year?
1 People are learning how to cook with it at home.
2 A healthier type of miso is produced in the U.S.
3 More people in Australia are starting businesses.
4 A book has been published that explains how to make miso.

5 ライティング

●あなたは，外国人の知り合いから以下の **QUESTION** をされました。
●**QUESTION** について，あなたの意見とその理由を２つ英文で書きなさい。
●語数の目安は 50 語〜60 語です。
●解答は，解答用紙にあるライティング解答欄に書きなさい。なお，解答欄の外に書かれたものは採点されません。
●解答が **QUESTION** に対応していないと判断された場合は，0 点と採点されることがあります。**QUESTION** をよく読んでから答えてください。

QUESTION
Do you think students should clean their school by themselves?

Test 2

スピーキングテスト

リスニングテスト

筆記試験（リーディング＋ライティング）

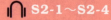

スピーキングテスト

S2-1～S2-4

問題カード

Electronic Blackboards

In Japanese schools, most teachers use blackboards or whiteboards while teaching a class. Recently, some schools have begun using electronic blackboards. Teachers show pictures and videos about the subject using electronic blackboards, and by doing so, they help students understand the subject better. Technology is changing learning and teaching styles.

A

B

Questions

※音声を聞いて質問に答えてください。各質問はここに掲載していません。

No. 1

No. 2

No. 3

No. 4

No. 5

リスニングテスト

試験時間 約**25**分

準2級リスニングテストについて

❶このリスニングテストには，第1部から第3部まであります。

★英文はすべて一度しか読まれません。

第1部：対話を聞き，その最後の文に対する応答として最も適切なものを，放送される**1**, **2**, **3**の中から一つ選びなさい。

第2部：対話を聞き，その質問に対して最も適切なものを**1**, **2**, **3**, **4**の中から一つ選びなさい。

第3部：英文を聞き，その質問に対して最も適切なものを**1**, **2**, **3**, **4**の中から一つ選びなさい。

❷*No. 30*のあと，10秒すると試験終了の合図がありますので，筆記用具を置いてください。

第*1*部 L2-01〜L2-11

No. 1 〜 ***No. 10***（選択肢はすべて放送されます。）

第 2 部 L2-12～L2-22

No. 11

1 It's his mother's birthday.
2 He has an important test the next day.
3 He has too much homework.
4 His mother has already fixed dinner.

No. 12

1 Walking a dog on the grass is banned.
2 Dogs are not allowed in the park.
3 Everyone should keep off the grass.
4 Dog owners must carry a plastic bag.

No. 13

1 Visit a famous temple.
2 Watch a video about pandas.
3 Buy a guidebook in the zoo.
4 Go to the fish market first.

No. 14

1 He was out of town.
2 He caught a bad cold.
3 He went to the dentist.
4 He had a toothache.

No. 15

1 He got the lowest score in the class.
2 He scored 38 points.
3 He got the highest score in the class.
4 He scored over 40 points.

No. 16

1 There isn't any left.
2 It does not taste good.
3 There is pork in it.
4 It is not warm enough.

No. 17

1 See the big bears.
2 Take some photographs.
3 Cancel the guided tour.
4 Take a long sleep.

No. 18

1 Go to a concert.
2 Go to a museum.
3 Call Mike back.
4 Meet Mike at a museum.

No. 19

1 Wait for the next train.
2 Take this train.
3 Miss the lecture.
4 Be late for the lecture.

No. 20

1 Go to America to meet her friend.
2 Study in America for one year.
3 Work at an American company.
4 Study at the same school for one more year.

第3部 L2-23～L2-33

No. 21

1 Take a cooking class.
2 Teach students Japanese cooking.
3 Go to Japan.
4 Go out to a Japanese restaurant.

No. 22

1 She got an email from a stranger.
2 Her letter didn't arrive because of the snow.
3 Her friend was living in a different season.
4 It was very cold in Japan.

No. 23

1 They have recently become popular.
2 They have many different names.
3 They do not have any seeds.
4 They are not true berries.

No. 24

1 He forgot to meet Mary.
2 He lost his wallet.
3 He locked his key in the car.
4 He had no money when he met Mary.

No. 25

1 They are being discounted.
2 They are being moved to another section.
3 They have just sold out.
4 They will be 20% off tomorrow.

No. 26

1 Play their last basketball game.
2 Take part in the basketball finals.
3 Take pictures for the yearbook.
4 Invite other teams to their school.

No. 27

1 Visit Okinawa.
2 Go on a trip to Nagano.
3 Relax in a hot spring.
4 Invite a friend from Okinawa.

No. 28

1 He researches how to use robots.
2 He sells robots to elderly people.
3 He cures people's mental problems.
4 He gives lectures at University of New Mexico.

No. 29

1 They are an ancient creature.
2 They eat colorful plants.
3 Males are seldom discovered.
4 Females live for a couple of years.

No. 30

1 She shares a room with Liam.
2 She has to help Liam study.
3 Liam stays up late at night.
4 Liam uses Lisa's desk.

筆記試験（リーディング＋ライティング）

試験時間 **75**分

1

次の *(1)* から *(20)* までの（　　）に入れるのに最も適切なものを **1**, **2**, **3**, **4** の中から一つ選び，その番号を解答用紙の所定欄にマークしなさい。

---

(1) ***A:*** Kathy and her sister are so (　　　).
B: Yes. I can't tell one from the other.
1 alike　**2** distant　**3** serious　**4** negative

(2) ***A:*** Good morning. I have an (　　　) to see Mr. Smith at 11:00.
B: Yes, he's expecting you. Please go in.
1 occupation　**2** imagination　**3** appointment　**4** emergency

(3) ***A:*** Do you know a good restaurant around here?
B: I've already (　　　) a table at the Italian restaurant by the lake.
1 reduced　**2** missed　**3** offered　**4** reserved

(4) ***A:*** How did you like the jazz concert last night, Tony?
B: It was really wonderful. I (　　　) enjoyed the drummer. He was great.
1 necessarily　**2** particularly　**3** suddenly　**4** regularly

(5) ***A:*** Did you get the letter I sent you a week ago?
B: No. I guess it hasn't been (　　　) yet.
1 delivered　**2** expressed　**3** produced　**4** removed

(6) *A:* What time shall we start on Monday?
B: Let's leave at 5:30 in the morning. We should try to ( ) the rush hour.

1 avoid **2** keep **3** hurry **4** run

(7) *A:* Good morning, Amy. You look sleepy.
B: I am. I can't get out of the ( ) of staying up late.

1 condition **2** action **3** habit **4** deed

(8) Kate was very happy because her father ( ) her to marry her musician boyfriend.

1 allowed **2** remembered **3** noticed **4** suggested

(9) Last Saturday was Evelyn's parents' 20th wedding ( ). They went out for a special dinner together.

1 festival **2** anniversary **3** exhibition **4** foundation

(10) *A:* I'd like you to ( ) a meeting with our staff from the Nagoya branch for next Wednesday.
B: Certainly. I'll contact them as soon as possible.

1 twist **2** arrange **3** trust **4** deliver

(11) *A:* Do you mind waiting a few more minutes, Jim?
B: No, ( ) your time. We're not in a hurry.

1 take **2** discover **3** stand **4** keep

(12) Sam's parents wanted him to be a doctor, but he ( ) their wishes and became a painter.

1 got over **2** went against **3** took over **4** went through

(13) The police are sure that Bill had something to ( ) with the robbery.

1 do **2** take **3** set **4** put

(14) ***A:*** It's very hot today! Let's go swimming.
B: I'm sorry, but I don't ( ) going out today. I have a headache.
1 put on **2** head for **3** take after **4** feel like

(15) ***A:*** Do you mind writing ( ) your name and address for me?
B: Certainly not. Let's keep in contact with each other.
1 down **2** up **3** over **4** under

(16) Mike was thinking about studying in the United States, but in the ( ) he changed his mind.
1 point **2** line **3** purpose **4** end

(17) ( ) a rule, Daniel hates anything sweet, but he did eat a whole cake on his birthday.
1 With **2** By **3** On **4** As

(18) While Susan was staying in Osaka, she ( ) often go to see her aunt.
1 had **2** would **3** should **4** might

(19) ***A:*** Have you decided ( ) or not you would move to New York, Helen?
B: No, not yet. I'm still thinking.
1 which **2** whether **3** if **4** when

(20) ***A:*** I'm sorry to have kept you ( ) again.
B: No problem. I've just come here, too.
1 wait **2** waiting **3** waited **4** to wait

2

次の四つの会話文を完成させるために，***(21)*** から ***(25)*** に入るものとして最も適切なものを **1**，**2**，**3**，**4** の中から一つ選び，その番号を解答用紙の所定欄にマークしなさい。

---

(21) ***A:*** Excuse me. Can you help me?

B: Sure. What can I do for you?

A: Can you tell me (*21*)?

B: The vending machine? Just put your money in here and the can should come out from the bottom.

1 how to get to the mall
2 which drink you like
3 where I should go
4 how to use this

(22) ***A:*** Hello, John? Meg speaking. Where are you?

B: Sorry, Meg. There's a traffic jam, so I'll be late.

A: What happened? (*22*)

B: No. They're doing some road construction.

1 The road is under construction, isn't it?
2 Could you tell me the reason?
3 You would be late for the party.
4 Was there an accident or something?

(23) ***A:*** What did you think of the movie we saw last night?

B: I really loved it. How about you?

A: (*23*), nothing but computer graphics.

B: Well, I found it very enjoyable. I'm interested in computer graphics.

1 I thought it was fantastic
2 I haven't seen it
3 I thought it was boring
4 I'd like to see it again

A: How are you, Helen?

B: Fine, thank you. (*24*)

A: No, I've been busy at the office. But I'm going to take a vacation next week.

B: Where are you going?

A: I'm going to Australia.

B: That's great. (*25*)

A: No, I'm taking my family with me.

B: How I envy you! Anyway, enjoy yourselves.

(24) **1** You seem to be very busy now.
2 Have you been away on holiday?
3 What are you going to do on holiday?
4 How are you getting along?

(25) **1** Are you planning to go swimming?
2 Would you like to go with your family?
3 Does your wife know it?
4 Are you going alone?

3

A

次の英文[*A*], [*B*]を読み，その文意にそって ***(26)*** から ***(30)*** までの（　　）に入れるのに最も適切なものを **1**，**2**，**3**，**4** の中から一つ選び，その番号を解答用紙の所定欄にマークしなさい。

Hiroshi's Swimming

Hiroshi loves to swim. When he was a primary school student, he was impressed by a swimmer's performance in the Olympic Games, and he started going to a swimming school. He practiced hard every week. He (***26***) in his primary school. His parents were also happy to hear that he had become the best swimmer in his school.

When he entered his junior high school, Hiroshi belonged to the swimming club at his school. He thought he would be the fastest swimmer, but his classmate Jun swam much faster than he did. Jun became the focus of everyone's attention, so Hiroshi lost his confidence and motivation for swimming. One day, he went to a swimming pool with his family. He swam without thinking anything, and then realized he (***27***). After that, he came to enjoy practicing at the swimming club and competing with Jun.

(26)
1 was the fastest swimmer　**2** became class president
3 concentrated on study　**4** cleaned the swimming pool

(27)
1 didn't like cold water　**2** wanted to quit the club
3 had forgotten how to swim　**4** really loved swimming

3

B

Softball

Softball started in the United States as an indoor replacement for baseball. In 1895, Lewis Sober, a firefighter, started softball as a game firefighters could play indoors in their spare time. Today, after many changes, it is (***28***). In 1996, softball became an official Olympic game in the women's competition, and the American team won the gold medal that year.

Softball and baseball are similar in many ways. Both are played on a diamond* with a bat and a ball by two teams of nine players each. However, softball is played on a smaller diamond, the ball is heavier and larger, the bat is lighter, and the game is played for seven innings rather than the nine of baseball. Perhaps the (***29***) is in the way the ball is pitched. In baseball, the ball is usually pitched overhand, but in softball, the ball must be pitched underhand.

Because softball was invented as a game to be played rather than watched, it became popular soon after it was invented. For several years, however, it was not very well organized and had no official name. It was called such names as diamond ball, indoor-outdoor, recreation ball, and playground ball. In 1908, the National Amateur Playground Ball Association was organized to promote the game as an outdoor sport and to draw up rules. In 1926, it was given the name of "softball," but the name did not become official until 1933. However, the term "softball" is not really true anymore because the modern softball is (***30***).

*diamond : 野球場,（野球の）ダイヤモンド

(28) **1** thought to be quite dangerous
2 enjoyed mostly by small children
3 played all over the world
4 less popular than in the 1900s

(29) **1** same failure
2 common rule
3 similar thing
4 biggest difference

(30) **1** softer than a baseball
2 larger than a tennis ball
3 the softest in history
4 as hard as a baseball

次の英文 A ， B の内容に関して，*(31)* から *(37)* までの質問に対して最も適切なもの，または文を完成させるのに最も適切なものを **1**，**2**，**3**，**4** の中から一つ選び，その番号を解答用紙の所定欄にマークしなさい。

From: Henry Smith <henrysmith@mercury.ne.org>
To: Kaori Hata <kaori-h@globelink.or.jp>
Date: June 12
Subject: Welcome to our city

Dear Kaori,

My wife Jenny and I, Henry Smith, are pleased to be your host family during your visit to America. We are each 62 years old, and come from South Africa. We lived 8 years in Tokyo when we were young and since 1989 we have been in America. I am a dress designer, having my own office and a staff of eight. Jenny is semi-retired, so she looks after the house. She is a good housewife.

We live in Madison, which is the capital city of Wisconsin with a population of around 400,000. It is located 142 miles northwest of Chicago, and has access to several beautiful lakes and the Mississippi River. Most tourists visit the Wisconsin State Capitol Building and the State Historical Museum. In summer the climate is quite warm, though in winter it is extremely cold. I sent you a video of Madison and photographs of Jenny and myself by air mail yesterday.

By the way, if your family wishes to come to Madison during your visit, they are welcome to stay with us. We can take a tour around the city. We can also go to all the nice restaurants here and have delicious local dishes together. Let us know what your parents think about the idea.

Sincerely,
Henry Smith

(31) What is true about Henry and Jenny?

1 They have lived in Tokyo since 1989.
2 They will be Kaori's host family.
3 They work in the same office.
4 They are planning to visit South Africa.

(32) Henry says that

1 Madison is one of the biggest cities in South Africa.
2 many people come to Madison to take photographs.
3 the climate in Madison is mild throughout the year.
4 there are some beautiful lakes in Madison.

(33) What does Henry suggest doing?

1 Cooking local dishes at the restaurant.
2 Taking a tour around the city with Kaori's family.
3 Visiting Kaori's house with his wife.
4 Asking Kaori's parents what food they like.

Measuring Time

We talk about time every day. We measure it by the second, minute, hour, day, week, month, and year. But what is time? No one can say exactly what it is. It is one of the greatest mysteries of our lives. We don't know exactly what time is, but our ability to measure it is very important. It makes our way of life possible. All the members of a group have to measure time in the same way. Time lets us put things in a definite order. We know that breakfast comes before lunch. Children can't play until school is over. Time enables us to organize our lives.

The earliest people saw changes around them. They saw day and night, the changes of the moon, and the seasons. They started measuring their lives by these changes. Then people started inventing clocks. It is said the Chinese invented a water clock in the eleventh century BC. As water dripped from one container to another, it measured the passing time.

Clocks, as we know them, were developed in Europe during the thirteenth to fourteenth century. In the late 1600s, people had clocks and watches that were accurate to the minute. Some clocks were beautiful and had very complicated moving parts. Some had figures of people or animals that moved on the hour or quarter hour. Others played music. The movement of the parts is very beautiful to watch when you open these clocks.

People in different countries look at time differently. In some countries not being late and organizing everything by exact time is very important. In other countries people are more relaxed about time. In fact, people there might consider it rude if you are exactly on time. It is important for us to learn that the way we think about time is not always true to others.

(34) Time makes it possible for us

1 to solve mysteries around us.

2 to put our lives in order.

3 to talk about what time it is.

4 to have breakfast every day.

(35) How did the earliest people start measuring their lives?

1 By the changes around them.

2 By inventing a water clock.

3 By the drips of water.

4 By making tools of wood.

(36) What happened in the late 1600s?

1 People in Europe started to play music with clocks.

2 Some clocks became less beautiful than before.

3 Most people learned how to make moving parts.

4 Very accurate clocks became available.

(37) We need to know that

1 it is relaxing when we are with people from different countries.

2 it can be rude if we act exactly on time.

3 we don't have to organize things in any country.

4 being on time is always important throughout the world.

5 ライティング

- あなたは，外国人の知り合いから以下の **QUESTION** をされました。
- **QUESTION** について，あなたの意見とその理由を２つ英文で書きなさい。
- 語数の目安は 50 語〜60 語です。
- 解答は，解答用紙にあるライティング解答欄に書きなさい。なお，解答欄の外に書かれたものは採点されません。
- 解答が **QUESTION** に対応していないと判断された場合は，０点と採点されることがあります。**QUESTION** をよく読んでから答えてください。

QUESTION

Do you think people will stop sending New Year's cards in the future?

切り取り線

解答用紙

注意事項

①解答にはHBの黒鉛筆（シャープペンシルも可）を使用し、解答を訂正する場合には消しゴムで完全に消してください。

②解答用紙は絶対に汚したり折り曲げたり、所定以外のところへの記入はしないでください。

③マーク例

良い例	悪い例

これ以下の濃さのマークは読めません。

解答欄					
問題番号		1	2	3	4
1	(1)	①	②	③	④
	(2)	①	②	③	④
	(3)	①	②	③	④
	(4)	①	②	③	④
	(5)	①	②	③	④
	(6)	①	②	③	④
	(7)	①	②	③	④
	(8)	①	②	③	④
	(9)	①	②	③	④
	(10)	①	②	③	④
	(11)	①	②	③	④
	(12)	①	②	③	④
	(13)	①	②	③	④
	(14)	①	②	③	④
	(15)	①	②	③	④
	(16)	①	②	③	④
	(17)	①	②	③	④
	(18)	①	②	③	④
	(19)	①	②	③	④
	(20)	①	②	③	④

解答欄					
問題番号		1	2	3	4
2	(21)	①	②	③	④
	(22)	①	②	③	④
	(23)	①	②	③	④
	(24)	①	②	③	④
	(25)	①	②	③	④
3	(26)	①	②	③	④
	(27)	①	②	③	④
	(28)	①	②	③	④
	(29)	①	②	③	④
	(30)	①	②	③	④
4	(31)	①	②	③	④
	(32)	①	②	③	④
	(33)	①	②	③	④
	(34)	①	②	③	④
	(35)	①	②	③	④
	(36)	①	②	③	④
	(37)	①	②	③	④

リスニング解答欄					
問題番号		1	2	3	4
第1部	No.1	①	②	③	
	No.2	①	②	③	
	No.3	①	②	③	
	No.4	①	②	③	
	No.5	①	②	③	
	No.6	①	②	③	
	No.7	①	②	③	
	No.8	①	②	③	
	No.9	①	②	③	
	No.10	①	②	③	

リスニング解答欄					
問題番号		1	2	3	4
第2部	No.11	①	②	③	④
	No.12	①	②	③	④
	No.13	①	②	③	④
	No.14	①	②	③	④
	No.15	①	②	③	④
	No.16	①	②	③	④
	No.17	①	②	③	④
	No.18	①	②	③	④
	No.19	①	②	③	④
	No.20	①	②	③	④

リスニング解答欄					
問題番号		1	2	3	4
第3部	No.21	①	②	③	④
	No.22	①	②	③	④
	No.23	①	②	③	④
	No.24	①	②	③	④
	No.25	①	②	③	④
	No.26	①	②	③	④
	No.27	①	②	③	④
	No.28	①	②	③	④
	No.29	①	②	③	④
	No.30	①	②	③	④

※ 5 の解答欄は裏面にあります。

記入上の注意（記述形式）

・指示事項を守り、文字は、はっきりとわかりやすく書いてください。

・太枠に囲まれた部分のみが採点の対象です。

5 ライティング解答欄

切り取り線

切り取り線

解答用紙

注意事項

①解答にはHBの黒鉛筆（シャープペンシルも可）を使用し、解答を訂正する場合には消しゴムで完全に消してください。

②解答用紙は絶対に汚したり折り曲げたり、所定以外のところへの記入はしないでください。

③マーク例

良い例	悪い例
●	⊙ ⊗ ◓

これ以下の濃さのマークは読めません。

解答欄					
問題番号		1	2	3	4
1	(1)	①	②	③	④
	(2)	①	②	③	④
	(3)	①	②	③	④
	(4)	①	②	③	④
	(5)	①	②	③	④
	(6)	①	②	③	④
	(7)	①	②	③	④
	(8)	①	②	③	④
	(9)	①	②	③	④
	(10)	①	②	③	④
	(11)	①	②	③	④
	(12)	①	②	③	④
	(13)	①	②	③	④
	(14)	①	②	③	④
	(15)	①	②	③	④
	(16)	①	②	③	④
	(17)	①	②	③	④
	(18)	①	②	③	④
	(19)	①	②	③	④
	(20)	①	②	③	④

解答欄					
問題番号		1	2	3	4
2	(21)	①	②	③	④
	(22)	①	②	③	④
	(23)	①	②	③	④
	(24)	①	②	③	④
	(25)	①	②	③	④
3	(26)	①	②	③	④
	(27)	①	②	③	④
	(28)	①	②	③	④
	(29)	①	②	③	④
	(30)	①	②	③	④
4	(31)	①	②	③	④
	(32)	①	②	③	④
	(33)	①	②	③	④
	(34)	①	②	③	④
	(35)	①	②	③	④
	(36)	①	②	③	④
	(37)	①	②	③	④

リスニング解答欄					
問題番号		1	2	3	4
第1部	No.1	①	②	③	
	No.2	①	②	③	
	No.3	①	②	③	
	No.4	①	②	③	
	No.5	①	②	③	
	No.6	①	②	③	
	No.7	①	②	③	
	No.8	①	②	③	
	No.9	①	②	③	
	No.10	①	②	③	

リスニング解答欄					
問題番号		1	2	3	4
第2部	No.11	①	②	③	④
	No.12	①	②	③	④
	No.13	①	②	③	④
	No.14	①	②	③	④
	No.15	①	②	③	④
	No.16	①	②	③	④
	No.17	①	②	③	④
	No.18	①	②	③	④
	No.19	①	②	③	④
	No.20	①	②	③	④

リスニング解答欄					
問題番号		1	2	3	4
第3部	No.21	①	②	③	④
	No.22	①	②	③	④
	No.23	①	②	③	④
	No.24	①	②	③	④
	No.25	①	②	③	④
	No.26	①	②	③	④
	No.27	①	②	③	④
	No.28	①	②	③	④
	No.29	①	②	③	④
	No.30	①	②	③	④

※ 5 の解答欄は裏面にあります。

記入上の注意（記述形式）

・指示事項を守り、文字は、はっきりとわかりやすく書いてください。

・太枠に囲まれた部分のみが採点の対象です。

5 ライティング解答欄

切り取り線

英検CBT®／
英検S-CBT専用

文部科学省後援

英検®準2級 予想問題ドリル

解答と解説

旺文社

Contents

自己採点について

ひととおり問題を解き終わったら，自己採点を行って自分の実力を確認しましょう。英検CSEスコアの正確な算出方法は公表されていませんが，1級，準1級は各技能7割程度，2級以下は各技能6割程度の正答率の受験者の多くが合格していますので，参考にしてください。

リスニング・リーディング

本書のウェブ模試では，英検CBTを選んでパソコン画面で解答をクリックして進めた場合，模試終了後に自動で正答率が算出されます。英検S-CBTの場合，実際の試験では紙の解答用紙に解答を記入しますが，本書のウェブ模試ではパソコン画面で解答をクリックすることも可能ですので，必要に応じてご利用ください。

スピーキング

応答内容，発音，語彙，文法，語法，情報量，積極的にコミュニケーションを図ろうとする意欲や態度などの観点で評価されます。自分の解答と模範解答を聞き比べて，十分な解答ができていたかを確認しましょう。

まず，質問に対して適切に，十分な情報量で答えることがもちろん必要です。そのうえで，発音やイントネーションが適切である必要があります。といってもネイティブのような発音である必要はなく，明確に相手に伝わることが重要です。必要以上に速く話そうとする必要もありません。

また，語彙や文法が正確であることはもちろんですが，易しい語彙・表現ばかり繰り返さないようにしましょう。ただし，正確さにこだわると話しづらくなってしまいます。そのために解答が滞ってしまうよりは，多少のミスがあってもどんどん話そうとする方が，良いスコアにつながるでしょう。

最後に，積極的にコミュニケーションを取ろうとする姿勢も必要です。詳しい採点基準は公表されていませんが，目を見て話す，適切な声量で話すといった会話の基本に気をつけましょう。

ライティング

ライティングでは，以下の4つの「観点」に基づいて採点されます。自分の解答と模範解答を見比べて，十分な解答ができていたかを確認しましょう。

●**内容**　課題で求められている内容（意見とそれに沿った理由2つ）が含まれているかどうか

課題に対して的確に答えられているか，適切な理由を述べ，説明できているかが評価されます。個人的な好みや感想などではなく説得力のある理由になっているかどうかが重要です。

●**構成**　英文の構成や流れがわかりやすく論理的であるか

接続表現などを適切に用いて論理の流れをわかりやすくすることが重要です。

●**語彙**　課題にふさわしい語彙を正しく使えているか

ただ意見を述べればよいということではなく，易しい語彙に頼りすぎず，同じ語を避けて多様な表現を活用することが求められます。

●**文法**　文構造のバリエーションやそれらを正しく使えているか

単純な表現を繰り返さず，多様な表現を用いることで，文法の力が十分にあると示せることが必要です。

Test 1

解答一覧

※スピーキングとライティングは解答例参照

リスニングテスト

第*1*部

1	2	3	4	5	6	7	8	9	10
2	1	1	2	3	1	2	3	2	1

第*2*部

11	12	13	14	15	16	17	18	19	20
2	3	3	3	2	4	2	3	3	1

第*3*部

21	22	23	24	25	26	27	28	29	30
3	3	3	2	3	2	4	2	1	3

筆記試験（リーディング）

1

1	2	3	4	5	6	7	8	9	10	11	12	13	14	15
2	4	4	2	3	4	2	1	2	2	2	3	3	4	2

16	17	18	19	20
4	3	1	3	1

2

21	22	23	24	25
2	3	1	4	1

3

26	27	28	29	30
3	2	1	3	4

4

31	32	33	34	35	36	37
3	4	1	2	3	3	1

スピーキングテスト
解答解説

問題 p. 38～39

S1-1～S1-4

訳 温かいタオル

日本では多くのレストランが客にぬれたハンドタオルを渡す。その中には温かいタオルもある。客は食事の前に温かいタオルを提供され，そのためいつでも手や口をきれいにすることができる。この習慣は日本国外でも注目を集めている。最近では，外国の航空会社も搭乗客に温かいタオルを出し始めた。

No. 1

According to the passage, why can customers clean their hands and mouths anytime?

文章によると，客はなぜいつでも手や口をきれいにすることができるのですか。

解答例

(Because) They are offered hot towels before meals.

食事の前に温かいタオルを提供されるからです。

解説 まず，質問文を注意深く聞く。そこに出てくる clean their hands and mouths anytime が問題カードの第３文後半に出ているのを確認しよう。その前にある so「そのため」が第３文前半にある Customers are offered hot towels before meals を受けていることを見抜いて，その部分を答えればよい。ただし，Customers は代名詞 They に置き換えて答えるのを忘れないようにしよう。

No. 2

Now, please look at the people in Picture A. They are doing different things. Tell me as much as you can about what they are doing.

さて，Ａの絵の人々を見てください。彼らはいろいろなことをしています。彼らが何をしているのか，できるだけたくさん説明してください。

解答例

-A woman is washing dishes.
-A man is cutting some vegetables.
-A girl is throwing away trash.
-A woman is pouring water into a glass.

-A boy is looking at a menu.

- 女性が皿を洗っています。
- 男性が野菜を切っています。
- 女の子がゴミを捨てています。
- 女性が水をグラスに注いでいます。
- 男の子がメニューを見ています。

解説 すべて現在進行形の文で答える。「～を捨てる」は throw away ～,「(お茶, 水, コーヒーなど) を注ぐ」は pour である。メニューを見ている男の子に関しては, A boy is thinking about what to eat.「男の子は何を食べるべきか考えている」などと表現してもよい。

No. 3

Now, look at the man in Picture B. Please describe the situation.

さて, B の絵の男性を見てください。この状況を説明してください。

解答例

He can't eat the sandwiches because he is full.

彼はお腹がいっぱいなのでサンドイッチが食べられません。

解説 このイラストの説明として,「サンドイッチが食べられない」ことと「お腹がいっぱいである」ことの 2 点を必ず説明しなければならない。さらに, 後者が前者の理由であることも示したい。「お腹がいっぱいである」は be full だが, he has already eaten enough「すでに十分食べた」などと表現してもよい。

No. 4

Now, Mr. / Ms. —, please turn over the card and put it down.
Do you think people will eat out more regularly in the future?
Yes. → Why?　No. → Why not?

それでは, ～さん, カードを裏返しにして置いてください。
今後人々はもっと定期的に外食するようになると思いますか。
はい。→なぜですか。　いいえ。→なぜですか。

解答例

(Yes. と答えた場合) More and more restaurants are serving tasty, healthy meals. People will go out to try such food.

おいしくて健康的な食事を出しているレストランがどんどん増えているからです。人々はそのような料理を食べてみようと外出することでしょう。

(No. と答えた場合) Cooking at home is cheaper than eating out. Many people want to save money by cooking for themselves.

Test 1　Speaking

家で料理をする方が外食するよりも安いからです。多くの人が自分で料理をして倹約したいと思っています。

解説 質問は「今後もっと定期的に外食するようになると思うか」である。まず，Yes. か No. で答え，それからその理由を述べる。Yes. の場合には，解答例の他に「忙しくなって自分で料理をする時間が取れない人が多い（Many people are getting busy, so they can't have time to cook by themselves.）」なども考えられる。No. の場合には，解答例の費用面の他に，「家庭で料理した食べ物の方が健康的だ（The food we cook at home is healthier.）」など健康面について触れてもよい。

No. 5

Today, there are many cooking programs on TV. Do you watch cooking programs on TV?
Yes. → Please tell me more.　No. → Why not?

今日，テレビには多くの料理番組があります。あなたはテレビで料理番組を見ますか。
はい。→もっと説明してください。　いいえ。→なぜですか。

解答例

（Yes. と答えた場合）I often watch cooking programs at home. I take notes on the recipes and cook for my family.

私はよく家で料理番組を見ます。レシピのメモを取り，家族のために料理をします。

（No. と答えた場合）I'm not interested in cooking. I prefer to watch sports news on TV.

私は料理に興味がありません。テレビでスポーツニュースを見る方が好きです。

解説 質問は「あなたはテレビで料理番組を見るか」で，個人的な経験や習慣を尋ねるものとなっている。やはり，最初に Yes. あるいは No. で答え，その後でその理由や具体例などをもっと詳しく説明する。Yes. の場合には，「私は料理が好きです（I like cooking.）」などと言った後で，自分がこれまでに作ったことがある料理について具体的に話してもよいだろう。No. の場合には，解答例のように料理に興味がないことを明言した後で，テレビに関連付けて自分が普段見るテレビ番組について説明したり，あるいは「料理」ということから料理以外の自分の興味あることについて話すという手もある。

リスニングテスト
解答解説

問題 p. 40～44

第 *1* 部 L1-01～L1-11

No. 1 解答 2

☆：Jim, let's go to the Italian restaurant for lunch. I'm hungry.

★：I'm not ready. Give me five minutes.

☆：Can I go ahead and order?

1 Yes, Thai food sounds good.

2 OK, I'll catch up with you.

3 Oh, I'm not sure he will like that.

☆：ジム，昼食にイタリア料理店に行きましょうよ。お腹がすいたわ。

★：まだだめだよ。5 分もらえるかな。

☆：先に行って注文してもいい？

1 うん，タイ料理は良さそうだね。

2 わかった，後で追いつくからね。

3 ああ，彼はそれが好きかわからないよ。

解説　女性が男性を昼食に誘っている場面である。最後の Can I go ahead and order?「先に行って注文してもいい？」に適切な応答は **2**。catch up with ～ は「～に追いつく」。**1** は，2 人はイタリア料理店に行くので不適。

No. 2 解答 1

★：How did the exam go, Linda?

☆：Good, I think. But I won't know the results until next Friday.

★：Well, I'm sure you did just fine.

1 I hope so. I don't want to have to take it again.

2 My teacher has 20 years of experience.

3 The exam lasted three hours.

★：リンダ，試験はどうだった？

☆：できたと思うわ。でも，次の金曜まで結果はわからないの。

★：そう，きっといい出来だと思うよ。

1 そうだといいわ。もう一度受けたくないもの。

2 私の先生は 20 年の経験があるわ。
3 試験は 3 時間続いたの。

解説 友人同士の対話。話題はリンダの試験である。最後に出てくる男性の Well, I'm sure you did just fine.「きっと良くできたよ」を注意して聞く。正解は I hope so.「そうだといいわ」と答えている **1**。

No. 3 解答 1

☆：Hi, Roger. I missed you at work yesterday.
★：I wasn't feeling well, so I took the day off.
☆：Oh, no. Are you feeling better now?
1 Yes. I was able to get some rest.
2 OK. I don't like going to the hospital.
3 Well, the medicine should be taken with a drink of water.

☆：こんにちは，ロジャー。昨日は仕事に来なかったわね。
★：体調が良くなかったから，休みを取ったんだ。
☆：あら，まあ。今は良くなっているの？
1 うん。休養がとれたからね。
2 わかった。病院へ行くのは好きじゃないなあ。
3 ええと，その薬は水で飲むべきだよ。

解説 同僚同士の対話。前半より男性が昨日仕事を休んだことをつかむ。最後の Are you feeling better now?「今は良くなっているの？」に対して適切な応答は **1**。day off は，day off work ということで，「(平日に取る）休日」。

No. 4 解答 2

★：Let's go see a movie.
☆：Sure. What's playing?
★：Let me see. How about that new horror movie everyone's been talking about?
1 I'm getting some popcorn.
2 I don't really like scary movies.
3 I got us good seats.

★：映画を見に行こうよ。
☆：いいわね。何がやっているの？
★：そうだなあ。みんなが最近話題にしているあの新作のホラー映画はどう？
1 私はポップコーンを買ってくるわ。
2 怖い映画はあまり好きじゃないわ。

3 いい席を取ったわよ。

解説　前半部分より話題は映画であることを捉える。最後の How about that new horror movie ...?「あの新しいホラー映画はどう？」という提案に対して適切な応答は，「怖い映画はあまり好きじゃない」と答えている **2**。scary [skéəri] は「怖い」。

No. 5 解答 3

★：Mom, can I go play at Darren's house?
☆：Only if you've finished your homework.
★：Well, I've finished most of it. I can finish the rest after I come home.
1 I haven't seen Darren's mom for a while.
2 Your grades have improved this year.
3 You can't go out until you finish all of it.

★：お母さん，ダレンの家に遊びに行ってもいい？
☆：宿題が終わっていればね。
★：ええと，ほとんど終わったよ。残りは帰ってきてから終わらせられるよ。
1 しばらくダレンのお母さんと会っていないわ。
2 今年は成績が上がったわね。
3 全部終わるまで外出はだめよ。

解説　息子と母親の対話。冒頭より息子が外出許可を求めていることをつかむ。母親に宿題のことを指摘され，最後に息子は I can finish the rest after I come home.「帰ってから残りを終える」と言う。正解はそれに対してだめだと答えている **3**。

No. 6 解答 1

☆：Hello, Grandpa. It's Cindy. When are you taking me fishing next?
★：Anytime. How about this Sunday?
☆：Oh no, my friends and I are going to the mall this Sunday.
1 I see. Tell me when you're free.
2 Sure. I can give you a ride to the mall.
3 Thanks. Fishing is my favorite activity.

☆：もしもし，おじいちゃん。シンディよ。次はいつ釣りに連れて行ってくれるの？
★：いつでも大丈夫さ。今度の日曜日はどうだい？
☆：ああ残念，今度の日曜日は友達とモールに行くのよ。
1 そうかい。時間ができたら連絡してね。

2 もちろん。モールまで乗せて行ってあげるよ。

3 ありがとう。釣りは私の大好きな活動さ。

解説 孫と祖父の電話での会話。話題は釣りである。祖父の How about this Sunday?「今度の日曜日はどう？」という提案に孫は「日曜日は友達と（ショッピング）モールに行く」と答える。それに対して適切な応答は「時間ができたら連絡してくれ」と言っている **1**。

No. 7 解答 **2**

★：I'm looking for a scarf for my wife. Could you please help me?

☆：Certainly, sir. What color does she like?

★：I think her favorite color is purple. But she also likes orange.

1 Wool is warmer than cotton but is harder to clean.

2 Well, this orange one is very popular now.

3 I'm afraid men's clothing is on the third floor.

★：妻のためのスカーフを探しています。お手伝いいただけますか。

☆：もちろんでございます，お客さま。奥さまは何色がお好きですか。

★：彼女が好きな色は紫だと思います。でも，オレンジも好きです。

1 毛は綿よりも暖かいですが，洗濯するのが大変です。

2 そうですねえ，このオレンジのものは今とても人気ですよ。

3 恐れ入りますが紳士服は３階です。

解説 冒頭の「妻のためのスカーフを探しています」から店での対話であることをつかむ。最後に男性が妻の好きな色について話しているので，適切な応答は色について触れている **2**。

No. 8 解答 **3**

☆：X-Tech Customer Service.

★：Hi, I want to use my new computer, but I don't know how to turn on the screen.

☆：Tap anywhere on the screen and it should turn on.

1 No thank you, I'm not hungry.

2 I think I'll just get some sleep.

3 Oh, that was easy. Thank you.

☆：エックステック・カスタマーサービスです。

★：もしもし。新しいコンピュータを使いたいのですが，スクリーンのスイッチの入れ方がわからないのです。

☆：スクリーンのどこでも構いませんから触れてください。そうすればつきます。

1 いいえ，結構です。お腹はすいていません。

2 少し寝ようかと思います。

3 ああ，簡単でしたね。ありがとう。

解説 コンピュータの操作法を聞くためのカスタマーサービスへの電話である。男性はスクリーンのスイッチの入れ方を聞き，女性はそれに答えている。適切な応答はそれにお礼を述べている **3**。

No. 9 解答 2

★：Excuse me. Do you have this sweater in size large?

☆：Let me check. Yes. Here you are.

★：Great. I'd also like to buy a coin purse.

1 I think this would look great on you.

2 That would be in the accessories section.

3 I'm sorry we're sold out of that size.

★：すみません。このセーターのＬサイズはありますか。

☆：確認してみます。ええ，ございます。どうぞ。

★：良かった。小銭入れも買いたいのですが。

1 これはとてもお似合いだと思います。

2 それは小物売り場にございます。

3 申し訳ございませんが，そのサイズは売り切れです。

解説 洋服売り場での男性客と女性店員の対話である。男性の最後の発言を注意して聞く。セーターの話は終わり，I'd also like to buy a coin purse.「小銭入れも買いたい」と話題は小銭入れに移っていることに注意。正解は，その売り場を答えている **2**。

No. 10 解答 1

★：Excuse me. Could you tell me how to get to Terminal Station?

☆：Sure. Just go straight down this street. It's next to the post office.

★：I see. Can I get there in five minutes?

1 Yes. It's just two blocks away.

2 No. The express train leaves in five minutes.

3 Well, a ticket to Barton costs three dollars.

★：すみません。ターミナルステーションへの行き方を教えていただけますか。

☆：いいですよ。この通りをただまっすぐに進んでください。郵便局の隣です。

★：わかりました。5分で着けるでしょうか。

1 ええ，ほんの２ブロック先ですから。

2 いいえ。急行列車は５分後に出ます。
3 ええと，バートンまでの切符は３ドルです。

解説 最初の Could you tell me how to get to ～?「～への行き方を教えていただけますか」は道案内で用いられる定番表現。最後の「5 分で着けますか」に対して適切な応答は，「はい。ほんの２ブロック先ですから」と答えている **1**。

第 *2* 部 L1-12～L1-22

No. 11 解答 **2**

☆：I'm going on my first overseas business trip next week. Any advice?
★：Try to get some sleep on the plane. You'll be super busy after you arrive.
☆：I was a little worried about that. I usually can't sleep on a flight.
★：Take some earplugs and an eye mask.
Question：Why is the woman worried about the flight?

☆：私，来週初めての海外出張に行く予定なの。何かアドバイスある？
★：飛行機の中で睡眠をとるようにするといいよ。到着したらすごく忙しくなるからね。
☆：そのことについてはちょっと心配だったのよ。飛行機ではたいてい眠れないの。
★：耳栓とアイマスクを持っていくといいよ。
質問：女性はなぜ飛行機に乗ることについて心配しているのですか。

1 飛行機に乗るのが好きではないから。
2 飛行機ではよく眠れないから。
3 飛行機に乗っている間に読むものが何もないから。
4 飛行機に乗った後はよく眠れないから。

解説 同僚同士の対話。海外出張について女性は I usually can't sleep on a flight.「私は飛行機ではたいてい眠れない」と言っているので，正解は **2**。最後の「耳栓とアイマスク」からも正解が推測可能。

No. 12 解答 **3**

★：I'm going to finish a little early today. I have to pick up the kids. Have a good evening, Rachel.
☆：You too, Tom. Oh, could you drop these files on the boss's desk before

you leave?
★：These? I already emailed him the data.
☆：I know, but he asked me to print them out.
Question：What will the man probably do next?

★：今日は少し早く終わりにさせてもらうよ。子供たちを迎えに行かなければならないんだ。レイチェル，良い晩を！
☆：あなたもね，トム。あっ，出る前にこのファイルを部長（上司）の机の上に置いてもらえるかしら？
★：これ？　そのデータは僕がすでに部長にメールしたよ。
☆：そうよ。でも，部長は私にそれを印刷するように頼んだの。
質問：男性はおそらく次に何をするでしょうか。

1 書類をコピーする。
2 レイチェルと一緒に子供たちを迎えに行く。
3 上司の机にファイルを置く。
4 女性に書類をメールする。

解説 帰宅間際の同僚同士の対話。女性が could you drop these files on the boss's desk ...?「部長（上司）の机の上にこのファイルを置いてくれますか」と言っているので，正解は **3**。boss は「(職場の）上役，上司，社長」という意味で，口語でよく用いられる。

No. 13 解答 3

★：I have two tickets for the classical concert. Would you like to go with me?
☆：Wow, I love classical music. When is it?
★：It's this Thursday night at 8:00.
☆：Oh, no. I've got Spanish class until 9:00 that day. Maybe some other time.
Question：Why isn't the woman going to the concert?

★：クラシックコンサートのチケットが２枚あるんだ。一緒に行かない？
☆：わあ，私はクラシック音楽が大好きよ。いつなの？
★：今度の木曜日の夜８時だよ。
☆：まあ，残念。その日は９時までスペイン語の授業があるの。また今度よろしくね。
質問：なぜ女性はコンサートに行かないのですか。

1 クラシックコンサートが好きではない。
2 他のコンサートに行かなければならない。

3 授業に行かなければならない。

4 家で勉強しなければならない。

解説 男性がコンサートへ行こうと女性を誘っている場面の対話である。女性は最後に I've got Spanish class until 9:00 that day.「その日は9時までスペイン語の授業がある」と答えているので，正解は**3**。

No. 14 解答 3

☆：Honey, I'm hungry. What should we do for dinner?

★：Why don't we go to the White Rabbit?

☆：We always go there. It's a little far but I want to try the Italian place on 5th Street.

★：OK. But you're driving this time.

Question：What are the man and woman talking about?

☆：あなた，お腹がすいたわ。夕食はどうしましょうか。

★：ホワイトラビットへ行かない？

☆：そこへはいつも行くわ。ちょっと遠いけど，5番通りのイタリア料理店に行ってみたいわ。

★：了解。でも，今回は君が運転するんだよ。

質問：男性と女性は何について話していますか。

1 ペットのウサギを買うかどうか。

2 誰が運転するか。

3 夕食にどこに行くか。

4 いつ家を出るべきか。

解説 夫婦の対話。冒頭で妻が What should we do for dinner?「夕食はどうしましょうか」と聞いているので，正解は**3**。**2**は，最後に車の運転のことが出てくるが，これは単に男性が最後に言い添えた内容なので不適。

No. 15 解答 2

☆：Have you decided which colleges you want to visit this summer?

★：Yes. I want to check out Eastern University and Pullman College.

☆：Good. Make sure you contact them and let them know when you're coming.

★：Don't worry, Mom. I'll call both tomorrow morning.

Question：What is the woman telling her son to do?

☆：今年の夏はどこの大学を訪問したいか決めた？

★：うん。イースタン大学とプルマン大学について調べたいと思っているよ。

☆：それはいいわね。必ず相手と連絡を取って，あなたがいつ行くのかを知らせなさいね。

★：大丈夫だよ，母さん。明日の朝，両方に電話するから。

質問：女性は息子に何をするように言っていますか。

1 どちらの大学に通いたいかを決める。

2 大学に訪問について伝える。

3 先生たちに話す。

4 大学の入学願書を完成させる。

解説 母親と息子の対話。話題は大学訪問である。後半で母親が Make sure you contact them and let them know when you're coming.「必ず連絡を取ってあなたがいつ行くのかを知らせなさい」と言っているので，正解は **2**。

No. 16 解答 4

★：Good morning. Eastville Clinic.

☆：Hi, this is Samantha Chan. I had an appointment with Dr. Gomez this Friday but I'm calling to reschedule.

★：Of course. When would you like to change your appointment to?

☆：If possible, I would like to move my appointment to the following Friday. Any time would be fine.

Question：Why is the woman calling?

★：おはようございます，イーストビルクリニックです。

☆：もしもし。私はサマンサ・チャンです。今週の金曜日にゴメズ先生の予約があるのですが，予約を変更したくて電話しています。

★：承知しました。ご予約をいつに変更なさいますか。

☆：可能ならば，次の金曜日に予約を移したいのです。どの時間でもいいのですが。

質問：女性はなぜ電話をしているのですか。

1 遅れる予定だから。

2 クリニックへの行き方が知りたいから。

3 医師に質問があるから。

4 予約を変更したいから。

解説 クリニックへの電話である。用件は I'm calling to reschedule より，正解は **4**。I'm calling to *do* ～.「～するために電話をしている」は用件を言うときの定番表現。reschedule は「re（再び）＋ schedule（予定を立てる）」から，「～の予定を変更する」。

No. 17 解答 2

★：Excuse me. Someone left this smartphone on the seat next to me.

☆：Oh. Did you happen to see who it belonged to?

★：Yes, it was a woman in a brown coat. I tried calling after her, but she got off the train before I could catch her.

☆：I see. We'll hold on to it in our office. Hopefully the owner will come for it.

Question：What did the man do when he found the smartphone?

★：すみません。どなたかがこのスマートフォンを私の隣の席にお忘れになったのですが。

☆：まあ。ひょっとしてその持ち主をご覧になりましたか。

★：はい。茶色のコートを着た女性でした。後ろから声を掛けてみたのですが，呼び止める前に電車を降りてしまったのです。

☆：わかりました。私どもの事務所に保管しておきます。持ち主が現れるといいのですが。

質問：男性はそのスマートフォンを見つけたとき何をしましたか。

1 使おうとした。

2 持ち主に返そうとした。

3 見つけたところに置いておいた。

4 ポケットの中に入れた。

解説 冒頭より男性が忘れ物を届けている場面であることをつかむ。I tried calling after her「彼女に後ろから声を掛けてみた」と言っているので，正解は **2**。call after ～「～に後ろから声を掛ける」，get off ～「～を降りる」，hold on to ～「～を保持する」。

No. 18 解答 3

☆：I'd like to go to this restaurant. Could you tell me how to get there by subway?

★：The Sonata. That's a great place. I recommend you go there by taxi.

☆：Isn't that expensive? I don't mind taking the train.

★：It's much faster by taxi and I can give you a coupon for a 50 percent discount.

Question：Why did the man recommend the woman take a taxi?

☆：このレストランに行きたいと思います。地下鉄での行き方を教えていただけますか。

★：ザ・ソナタですね。あそこはいいレストランですよ。タクシーで行くことをお勧めします。
☆：それは高くないですか。電車で行ってもいいのですが。
★：タクシーの方がずっと速いですし，50％割引のクーポンを差し上げますよ。
質問：男性はなぜ女性にタクシーに乗ることを勧めているのですか。

1 電車は運行を中止したから。
2 彼女は電車に乗るのが好きではないから。
3 その方がレストランに速く着くから。
4 夜間，その街は安全でないから。

解説　前半より女性がレストランへの行き方を尋ねていることをつかむ。タクシーを勧めた男性が最後に It's much faster by taxi「タクシーの方がずっと速い」と言っているので，正解は **3**。

Test 1 Listening

No. 19 解答 3

★：Hi, I'm Greg Smith. I booked a room in your hotel, but I can't find your location.
☆：OK, Mr. Smith. What do you see now?
★：Well, I'm on a street corner with an old building with a clock tower.
☆：That's the old city hall. We're the green building just behind it.
Question：What does the man want to do?

★：もしもし，グレッグ・スミスと申します。そちらのホテルに部屋を予約したのですが，場所がわからないのです。
☆：スミスさま，承知いたしました。今，何が見えているでしょうか。
★：そうですねえ，私は今，時計塔のある古い建物がある通りの角にいます。
☆：それは旧庁舎です。私どもはちょうどその後ろの緑色の建物でございます。
質問：男性は何をしたいのですか。

1 部屋を予約する。
2 時計塔を訪れる。
3 ホテルを見つける。
4 市庁舎へ行く。

解説　冒頭部分を注意して聞く。これは男性客からのホテルへの電話であり，男性は I can't find your location「そちらの場所がわからない」と言っているので，正解は **3**。

No. 20 解答 1

☆：Sorry to bother you, but would you please take our picture?
★：Of course. Say cheese.... OK. Check to make sure the picture looks

OK.

☆：Um.... Oh no, I closed my eyes when you took the shot.

★：No problem. Let me just take it again.

Question：What happened when the photo was taken?

☆：お邪魔してすみませんが，私たちの写真を撮っていただけますでしょうか。

★：もちろんですよ。はい，チーズ。撮りました。写真が大丈夫かどうか確認してください。

☆：うーん。あらまあ，シャッターを切ったとき，私，目を閉じてしまったわ。

★：大丈夫ですよ。もう一度撮らせてください。

質問：写真が撮られたとき何が起こりましたか。

1 女性が目を閉じた。

2 男性が間違ったボタンを押した。

3 カメラの電池が切れた。

4 カメラの前を人が歩いた。

解説　冒頭の would you please take our picture? より，見知らぬ人に写真の撮影をお願いしている場面だとわかる。後半で女性は I closed my eyes when you took the shot「シャッターを切ったとき，目を閉じてしまった」と言っているので，正解は **1**。

第3部 L1-23～L1-33

No. 21 解答 3

Kara is the captain of her high school basketball team. In addition to the usual responsibilities of a team member, Kara must also be a leader to her teammates. She encourages them to practice and play harder and listens to them when they have any problems or concerns. She often has a long talk with them after practice.

Question：What does Kara do when her teammates need help?

カラは高校のバスケットボールチームのキャプテンである。チームメンバーとしての通常の責任に加えて，カラはチームメートたちのリーダーにもならなければならない。彼女は，もっと一生懸命に練習やプレーをするよう彼らを励まし，彼らに問題や心配事があるときには彼らの話を聞く。練習の後，彼らと長時間話すことも多い。

質問：チームメートが助けを必要とするとき，カラは何をしますか。

1 コーチに話す。

2 自分を助けるように促す。

3 問題を抱えているときに彼らの話をよく聞く。

4 誰よりも一生懸命にプレーする。

解説 バスケットボールチームのキャプテンのカラの話。キャプテンとしての仕事の中に listens to them when they have any problems or concerns「彼ら（＝チームメンバー）に問題や心配事があるときに彼らの話を聞く」と述べられているので，正解は**3**。hear ～ out は「(人）の話を最後まで聞く」。

No. 22 解答 3

Haggis is a traditional dish popular in Scotland. It is made of the inner parts of a sheep mixed with oatmeal, onion and spices, and cooked inside a sheep stomach. It is usually eaten with a kind of vegetable paste and mashed potato. Although it is an important part of Scottish culture, similar dishes are eaten in other countries.

Question：What is one thing that we learn about haggis?

ハギスはスコットランドで親しまれている伝統料理である。それは，オートミール，玉ねぎ，スパイスを混ぜた羊の内臓で作られ，羊の胃袋の中で調理される。通常，野菜ペーストのようなものとマッシュポテトと一緒に食される。それはスコットランド文化の重要な一部であるが，似た料理は他の国でも食べられている。

質問：ハギスについてわかることの１つは何ですか。

1 スコットランドだけで食べられている。

2 休日にだけ食べられている。

3 他の食べ物と一緒に食べられている。

4 あまり人気ではない。

解説　あまり聞き慣れないハギスという料理の話。It is usually eaten with a kind of vegetable paste and mashed potato.「通常野菜ペーストのようなものとマッシュポテトとともに食される」と説明されているので，正解は**3**。

No. 23 解答 3

Kenji is a talented young piano player. He plays in concerts and competitions. He has been playing the piano since he was five years old. He practices every day for many hours. He mostly plays classical music, but he also enjoys playing jazz. In the future Kenji wants to give concerts in foreign countries.

Question : What is one thing we learn about Kenji?

ケンジは才能ある若きピアノ演奏家である。彼はコンサートやコンクールでピアノを弾く。５歳からずっとピアノを弾いており，毎日何時間も練習している。たいていクラシックを弾くが，ジャズの演奏も楽しむ。ケンジは将来，外国でコンサートを開きたいと思っている。

質問：ケンジについてわかることの１つは何ですか。

1 たいていジャズ音楽を演奏する。

2 外国で多くのコンサートを開いたことがある。

3 幼いころからずっとピアノを弾いている。

4 土曜日と日曜日だけ練習する。

解説　ピアノ演奏家であるケンジの話。いろいろなことが紹介されているが，前半部分で「５歳からずっとピアノを弾いている」と言っているので，正解は**3**。

No. 24 解答 2

Thank you for shopping at Cole's. The new school year starts soon, and we are currently having a back-to-school sale. Items such as pens, notebooks, and backpacks are on sale. Look for items with a round sticker on them. A blue sticker means 20% off, and a red one means 30%. The last day of the sale is Sunday, so hurry now.

Question : How can shoppers know what items are on sale?

コールズでのお買い物をありがとうございます。新学期が間もなく始まりますので，私どもはただ今，新学期セールを行っております。ペン，ノート，リュックサックなどの商品がセール中でございます。丸いシールの付いた商品をお探しください。青いシールは20%引き，赤いシールは30%引きでございます。セールの最終日は日曜日ですので，お急ぎください。
質問：買い物客はどのようにしてどの品がセール中であるか知ることができるのですか。

1 店員に聞くことができる。
2 セール品はシールで印が付けられている。
3 日曜日まで全品がセール中である。
4 セール品は入口近くにある。

解説 店でのお知らせの放送である。新学期セール開催のお知らせの後，Look for items with a round sticker on them.「丸いシールの付いた商品をお探しください」と言っているので，正解は**2**。後に出てくるシールの色ごとの具体的な割引率の説明からも推測可能。

No. 25 解答 3

Ms. Simmons teaches English at a local high school. Last Friday, she received the Teacher of the Year Award. As she is one of the most popular teachers at her school, everyone was happy to hear the news. Sadly, however, Ms. Simmons is retiring at the end of this school year. Students will surely miss her.
Question：What will happen at the end of the year?

シモンズ先生は地元の高校で英語を教えている。先週の金曜日，彼女は年間最高教員賞を受賞した。彼女は学校で一番人気のある教員の1人なので，その知らせを聞いて誰もが喜んだ。しかし，悲しいことに，シモンズ先生は今年度末で退職する予定である。きっと生徒たちは寂しがることだろう。
質問：年度末に何が起こりますか。

1 シモンズ先生が賞を受ける。
2 シモンズ先生が別の学校へ移る。
3 シモンズ先生がもう教えなくなる。
4 シモンズ先生が5クラス教える準備をする。

解説 シモンズ先生の紹介。質問の at the end of the year「年度末に」に注意する。Ms. Simmons is retiring at the end of this school year「シモンズ先生は今年度末で退職予定である」と述べられているので，正解は**3**。

No. 26 解答 2

This year's Summer Fun Musical Festival will be the biggest ever. The three-day festival will feature 15 bands, over 50 food and game booths, and a fireworks show on the last day. Tickets can be purchased online or at any convenience store. Get your tickets now and receive a 15% discount off the regular price. The discount is available only this week!

Question : What is one thing mentioned in this announcement?

今年のサマーファン音楽祭はこれまでで最大規模になります。3日間の祭りには15組のバンド，50を超える食べ物やゲームのブースが参加し，そして最終日には花火大会が催されます。チケットはオンラインもしくはどのコンビニエンスストアでも購入できます。今チケットを購入して通常価格の15％割引を受けてください。割引が受けられるのは今週だけです！

質問：このアナウンスで述べられていることの1つは何ですか。

1 毎晩花火が見られる。

2 今，いつもより安いチケットが買える。

3 自分の食べ物を持ってくるべきである。

4 身分証明書を携帯すべきである。

解説　音楽祭のお知らせである。最後に述べられている「今チケットを購入すれば通常価格の15%引き」より，正解は**2**。続くThe discount is available only this week!「割引が受けられるのは今週だけ！」もヒントになる。

No. 27 解答 4

This summer Mark went to Japan for the first time. For two weeks he lived with the Suzuki family in Tokyo. During his stay Mr. and Mrs. Suzuki took Mark to many places including some famous parks, temples and shrines. Mark also enjoyed playing video games with his host brother. He hopes to work in Japan someday.

Question : What is one thing Mark did while in Japan?

今年の夏，マークは初めて日本に行った。彼は2週間東京のスズキ家で暮らした。滞在中，スズキ夫妻はマークを有名な公園や寺社を含むいろいろな場所へ連れて行った。また，マークはホストブラザーとテレビゲームをして楽しんだ。彼はいつか日本で働くことができたらと思っている。

質問：マークが日本にいる間にしたことの1つは何ですか。

1 ゲーム会社で働いた。

2 日本の学校へ行った。

3 東京で友人と会った。

4 ホストブラザーと遊んだ。

解説　マークが日本でホームステイをした話。後半部分に Mark also enjoyed playing video games with his host brother.「また，ホストブラザーとテレビゲームをして楽しんだ」と述べられているので，正解は **4**。

No. 28 解答 2

Don Quixote by Spanish writer Cervantes is one of the most popular novels in the world. It has sold over 500 million copies since it was published in 1605. It is about an old man who tries to be a hero. He rides a horse around the country. One day he thinks some windmills are giants and tries to fight with them.

Question：What is one thing that we learn about the novel *Don Quixote*?

スペインの作家セルバンテスによる『ドン・キホーテ』は世界で最も人気のある小説の１つである。1605 年に出版されて以来，5 億冊を超える部数が売れている。それは英雄になろうとする老人についてである。彼は馬に乗って国中を巡る。ある日，彼は風車を巨人だと思い，それと戦おうとする。

質問：小説『ドン・キホーテ』についてわかることの１つは何ですか。

1 ある登場人物が風車を建てる。

2 ある登場人物が風車を巨人と間違える。

3 ある登場人物が英雄を見つけるために旅をする。

4 ある登場人物が 5 億人の人々を救う。

解説　スペインの小説『ドン・キホーテ』についての説明。One day で始まる最後の部分で he thinks some windmills are giants「彼は風車を巨人だと思う」と述べられているので，正解は **2**。windmill は「風車」。

No. 29 解答 1

Derek collects stamps. He has over 500 stamps in his collection. He learned about this hobby from his grandfather. Derek and his grandfather often spend time on weekends looking for new stamps. Derek especially likes to find stamps from faraway countries. One of his favorite stamps is from Tanzania in Africa.

Question：Why did Derek start collecting stamps?

デレックは切手を集めている。彼のコレクションは 500 枚を超える。この趣味は祖父から学んだ。デレックと祖父はよく週末の時間を新しい切手を探して過ごす。デレックは特に遠く離れた国の切手を見つけるのが好きである。彼の好きな切手の１枚はアフリカのタンザニアのものである。

質問：デレックはなぜ切手収集を始めたのですか。

1 祖父がそれを彼に教えたから。

2 タンザニア訪問中にそれを学んだから。

3 学校でそれに関する授業を受けたから。

4 週末にすることが欲しかったから。

解説 デレックの切手収集の話。最初の部分にそれを始めたきっかけとして He learned about this hobby from his grandfather.「この趣味を祖父から学んだ」と述べられているので，正解は **1**。次に出てくる「デレックと祖父はよく週末の時間を新しい切手を探して過ごす」からも正解が推測できる。

No. 30 解答 3

Lara is president of her high school student council. As student president she has several jobs including talking to the teachers about issues students may have. She is also in charge of organizing the school dance at the end of the year. The school dance begins with her speech, so she is thinking about what to say.

Question：What is one of Lara's tasks as student president?

ララは高校の生徒会長である。生徒会長として彼女には，生徒が抱える問題について教員と話すことを含め，いくつかの仕事がある。彼女は年末の学校でのダンスパーティーを企画する責任も負っている。学校のダンスパーティーは彼女のスピーチで始まるので，彼女は何を言うべきか考えている。

質問：生徒会長としてのララの仕事の１つは何ですか。

1 教員の仕事を手伝う。

2 毎日スピーチをする。

3 学校のダンスパーティーに関わる。

4 生徒にダンスの仕方を教える。

解説 生徒会長のララの話。最初に As student president she has several jobs「生徒会長としていくつかの仕事がある」と述べており，後半で学校のダンスパーティーについてそれを企画することとそこでスピーチをすることが話されているので，正解は **3**。

筆記試験（リーディング＋ライティング）
解答解説

問題 p. 46～58

1

(1) 解答 2

「ブラウンさんはとても一生懸命取り組んだので，1週間でそのレポートを仕上げた」

解説 直後のthe report「レポート」と意味的に自然につながるのは**2**。completeは「～を完成させる，仕上げる」という意味である。**1** connect「～をつなぐ」，**3** occur「起こる」，**4** close「～を閉じる」。

(2) 解答 4

「ケリーは車を売りたいと思い，その価値を知ろうと車のディーラーにそれを持っていった」

解説 車を売りたいと考えているケリーが車をディーラーに持っていったのは「車の価値を知るため」だと考えて，**4**のvalue「価値」を選ぶ。**1** range「範囲」，**2** appointment「約束，予約」，**3** view「眺め」。

(3) 解答 4

A「ジミー，食事に合わせるには，どのワインを頼もうか」

B「特に好みはないよ。君が決めて」

解説 AはBにどのワインを注文するか尋ねている。空所直後に「君が決めて」とあることから，Bは，特にpreference「好み」はないと考えて，正解は**4**。**1** confidence「自信」，**2** sense「感覚」，**3** insurance「保険」。

(4) 解答 2

A「野球の試合はどうだったの，ジェフ」

B「5対2で勝ったよ。それで勝利を祝って盛大にパーティーをしたんだ」

解説 直前にあるcelebrate「～を祝う」に着目して,「私たちの勝利を祝って（祝うために)」という意味になると考えて，**2**のvictory「勝利」を選ぶ。**1** process「過程」，**3** practice「練習」，**4** memory「記憶」。

(5) 解答 3

A「私たちは部屋を一緒に使わなくてはなりませんか」

B「いいえ，別々の部屋を使うことができます」

解説 B が separate rooms「別々の部屋」を使えると答えているのがポイント。正解は **3** で，share は「～を一緒に使う，共有する」。**1** order「～を注文する」，**2** occupy「～を占領する」，**4** correct「～を訂正する」。

(6) 解答 4

A「天気予報は午後には晴れると言っていたから，テニスができるね」

B「まあ，よかった。でももし雨が降り続くようなら，代わりに映画を見に行きましょうね」

解説 文脈から，「その代わりに映画を見に行こう」という意味になると考えて，**4** の instead「その代わりに」を選ぶ。**1** suddenly「突然に」，**2** quickly「すばやく」，**3** back「戻って」。

(7) 解答 2

A「いつあなたのところを訪ねられるかしら」

B「どうぞあなたの都合の良いときに会いに来てください」

解説 訪問時間を尋ねられ，B は「都合の良いときに」と答えていると考えて，**2** を選ぶ。be convenient for [to] ～ は「～にとって都合の良い」という意味。反対語は inconvenient「不都合な」。**1** helpful「有用な」，**3** polite「礼儀正しい」，**4** generous「寛大な」。

(8) 解答 1

A「ご面倒をおかけして申し訳ありませんが，もう１度この機械の使い方を説明してもらえませんか」

B「かしこまりました。ですが，こちらをまず終わらせてしまいますので少し時間をください」

解説 頼み事などをする前に「(面倒をかけて) すみませんが…」という意味で I'm sorry to bother you, but ... という表現をよく使う。**2** miss「～に会いそこなう，～がいないのを寂しく思う」，**3** catch「～を捕まえる」，**4** gather「～を集める」。

(9) 解答 2

A「やあ，ジェーン！　今日の午後，テニスをしないかい？」

B「ぜひそうしたいんだけど，歯医者を予約しているのよ」

解説 I'd love to, but ...「ぜひそうしたいんだけど…」から，B はテニスの誘いを断っていることがわかる。その理由は，歯医者の appointment「約束，予約」があるからなので，正解は **2**。**1** approach「取り組み方法，アプローチ，接近」，**3** explanation「説明」，**4** illness「病気」。

(10) 解答 2

A「もし靴下を 2 足お買い求めになると，20 パーセント引きとなります」
B「おや，それはいいね，それならお金**を節約**できる」

解説　割引と聞いて「お金を節約できる」と答えたと考えて，**2** を選ぶ。なお save には「(金銭・時間・エネルギーなど) を省く，節約する」の他に「(お金) を蓄える，～を救う」の意味もある。**1** control「～を制御する」，**3** hide「～を隠す」，**4** support「～を支持する」。

(11) 解答 2

「ジルは明日庭に花を植えようと計画しているが，それは天気**次第だ**」

解説　花植えは「天気次第」と考えて，正解は **2**。depend on [upon] ～ で「～次第である, ～による」という意味である。**3** の decide on ～ は「～に決定する」，**4** の look on ～ (as ...) は「～を（…と）見なす」。

(12) 解答 3

「コンピュータは私たちの社会に多くの変化**をもたらした**。もはやそれなしでは 1 日も暮らせないと多くの人が言う」

解説　直後の many changes「多くの変化」と意味的に結びつくのは **3**。bring about ～ で「～をもたらす，引き起こす（= cause)」という意味である。**1** は bring up ～ で「～を育てる」の意味。

(13) 解答 3

「新聞**によると**，昨日メキシコで大きな地震があった」

解説　according to ～ は通例文頭に置かれて,「～によれば, ～の示すところでは」の意味である。**1** up to ～「～まで」，**2** thanks to ～「～のおかげで」，**4** such as ～「例えば～のような」。

(14) 解答 4

A「スージー，どうして君は遅れたの？」
B「ええ，家を出**ようとし**たとき，突然おばさんがやって来たのよ」

解説　be about to *do* で「まさに～しようとする（= be just going to *do*)」という意味である。なお，この句はすぐ目前に迫ったことに用いるため，tomorrow

など未来を表す副詞とともには用いない。

(15) 解答 2

「調査結果は，学生はよく午後に居眠り**をする**ということを示している」

解説 take [have] a nap で「うたた寝［居眠り］をする」の意味。nap「うたた寝，昼寝」は動詞として「うたた寝をする」の意味でも用いられる。

(16) 解答 4

A「アダムは本当にスティーブと仲がいいね。彼らにはどんな**共通点**があるの？」

B「彼らは同じテニス部に入っているんだよ」

解説 have ～ in common で「～を共通に持つ」という意味である。**1** は (just) in case で「万一の場合には」，**3** は in return で「お返しに」の意味。

(17) 解答 3

A「ジョン，生物のレポートを手伝ってくれないかしら？」

B「今，歯を磨いているんだ。**ちょっと**待ってくれる？」

解説 「少し待つ」と考えて，**3** を選ぶ。この表現は命令文でもよく用いられ，Wait a moment [minute]. で「ちょっと待って」の意味。Just a moment [minute]. という言い方もある。

(18) 解答 1

「ドロシーは息子に毎日バイオリンを**練習させ**ているが，息子は実はあまり音楽に興味がない」

解説 使役動詞 make の使い方に注意する。〈make ＋ O（人）＋動詞の原形〉で「O（人）に（義務的に）～させる」の意味。なお，使役動詞には他に have や let などがあり，〈have ＋ O（人）＋動詞の原形〉「O（人）に～させる，～してもらう」，〈let ＋ O（人）＋動詞の原形〉「O（人）が～するのを許す，自由に～させる」のように用いられる。

(19) 解答 3

A「見て！　家の中に猫がいるよ」

B「誰かがドアを**開けっぱなし**にしておいたに違いないね」

解説 〈leave ＋ O（目的語）＋ C（補語＝形容詞）〉で「O を C（という状態）のままにしておく」という意味。したがって，leave the door open で「ドアを開けたままにしておく」。ここでの open は形容詞である。また，〈must have ＋過去分詞〉「～したに違いない」もおさえておこう。

(20) 解答 **1**

「もし明日**雨が降れ**ば，その野球の試合は中止になるだろう」

解説 空所直後に tomorrow があるが，if 節の中なので現在形の **1** rains が正解になる。このように，時や条件を表す副詞節の中では，未来のことについて述べる場合であっても現在形で表現する。

2

(21) 解答 **2**

A「テリー，もっとクッキーをいかが？」
B「結構です。**もう十分いただきました**」
A「そう？　もうちょっと食べると思ったわ」
B「ごめんなさい。最近になってダイエットすることに決めたんです」
1 もうおいとましなければなりません
2 もう十分いただきました
3 それは私には甘すぎます
4 新しいものを注文します

解説　A の Would you like ～?「～はいかがですか」に対して，B は No, thank you. と断っているので，次にその理由を述べるのが自然な流れ。正解は，**2** の「十分に食べた」。go on a diet は「ダイエットをする」。

(22) 解答 **3**

A「今夜の夕食はどうしようか」
B「あの新しくできたイタリアンレストランに行ってみない？」
A「うーん。**中華料理の方がいいなあ**」
B「また？　いつもあなたは中華そばがいいのね！」
1 全然お腹がすいていないよ
2 そのレストランはおいしいと聞いたよ
3 中華料理の方がいいなあ
4 すごくスパゲティが食べたいんだ

解説　空所直後で B が「また？　いつもあなたは中華そばがいいのね！」と答えていることから，A は中華料理が食べたいと言ったと考えられる。よって，正解は **3**。would rather *do* は「むしろ～したい，～する方がいい」。

(23) 解答 **1**

A「いらっしゃいませ」
B「ジョシュア・エバンズの書いた最新の本を探しているのですが」
A「ああ，申し訳ございませんが，**ほんの少し前に，最後の 1 冊が売れてしまいました**」
B「わかりました。それではどこかよその店をあたってみます」
1 ほんの少し前に，最後の 1 冊が売れてしまいました

2 3日前にそれをあなたにお送りしました
3 あなたの本はまだ印刷されていません
4 彼はまだその本を書き上げておりません

解説 書店での客と店員の対話。a copy は「(本の) 1冊」。直後にある「よその店をあたる」から，この店には欲しかった本がなかったことがわかる。正解は **1** で，その本は売り切れていたのである。

(24)(25)

A「空港へはどうやって行くのが一番いいですか」
B「時間を節約したいなら地下鉄ですね」
A「**タクシーだとどのくらい時間がかかりますか**」
B「道路の混み具合によります」
A「**今は交通量が多い**と思いますか」
B「そうですねえ。もうすぐ正午だから，そんなにひどくはないですよ」
A「ええと，重いカバンを3個も持っているんです」
B「それなら，タクシーで行った方がいいですね」

(24) 解答 4

1 乗り換えは何回しなければなりませんか
2 バス停はいくつありますか
3 いくらかかりますか
4 タクシーだとどのくらい時間がかかりますか

解説 That depends on the traffic.「それは道路の混み具合による」というBの返事から，Aは道路を使う交通手段について尋ねていることがわかるので，正解はタクシーの所要時間を尋ねている **4**。save time は「時間を節約する」。

(25) 解答 1

1 今は交通量が多い
2 地下鉄で行く方が安い
3 空港は遠い
4 あなたが私をそこへ連れて行ける

解説 直後でBが「もうすぐ正午だからそれほどひどくない」と答えているので，Aは現在の交通状況を尋ねていると考えて，正解は **1**。

3A

訳 かわいいバッグ

サヤカはかわいいものが大好きである。2週間前，彼女は買い物をしに街に出かけた。小さな店に入り，そこでとてもかわいいバッグを見つけた。店主によると，それはフランスから輸入された手作りのバッグで，その店には1つしか残っていなかった。彼女はそのバッグがすごく気に入ったが，それは**彼女には高価だった**ため，買うことができなかった。数日後，その店を再び訪れたときには，そのバッグはすでに他の人に売られてしまっていた。彼女はちょっとがっかりした。

その翌日，サヤカの祖父母が電話をしてきて，彼女を自宅に招待した。サヤカの誕生日だったので，祖父母はバースデーケーキを焼き，彼女にプレゼントをあげた。それを開けると彼女は**とても驚いた**。それは，サヤカがとても欲しがっていたまさにあのバッグだったのだ。祖父母はサヤカがかわいいものが大好きなのを知っていたので，喜ぶだろうと思ったのである。サヤカはとてもうれしかった。

(26) 解答 **3**

1 彼女の好みではなかった　　**2** 売り物ではなかった
3 彼女には高価だった　　**4** かなり手ごろだった

解説 空所前後の文脈を確認しよう。「彼女はそのバッグがとても気に入ったが，それは～なので，買えなかった」という文脈なので，正解は**3**。**1**と**4**は彼女が買えなかった理由として適切ではなく，次の文に「他の人に売られてしまった」とあるので**2**も不適。

(27) 解答 **2**

1 とても当惑した　　**2 とても驚いた**
3 お腹がすいた　　**4** 気が変わった

解説 祖父母からもらった誕生日プレゼントを開けてサヤカはどうだったのかを考える。空所直後にIt was the very bag she had really wanted.「それは彼女が欲しがっていたまさにそのバッグだった」とあることより，正解は**2**。他の人に売られてしまったと思っていたバッグをもらって，驚いたのである。

3B

訳 仕事を終えてからの活動

アメリカでは，多くの会社で従業員は午前７時半前後に１日の仕事を始める。それは必ずしもアメリカ人が日本人より早起きということではなく，日本人より通勤時間が短くて済むということだ。アメリカ人は仕事をより早く始めるので，**仕事をより早く終える**。そのため夕方の活動をするための時間がたくさん残っている。

ほとんどの既婚者は仕事を終えると家族と過ごすために帰宅する。アメリカでは日本と比べて，同僚と夕食をとったり，酒を飲んだりすることは人気ではない。両親ともが働いている家庭では，手間をかけた夕食を作ることは必ずしも簡単ではない。それでも，家族と一緒に夕食をとって時間を過ごすことは，ほとんどの家庭で今でも**とても重要だと考えられている**。一方，未婚者はお気に入りの場所へ楽しく過ごしに行くだろう。多くのレストランでは午後５時から午後７時まで値段が安くなっている。彼らはよくジムに行ったり，ジョギングやテニス，バスケットボールをしたりする。夏には，暗くなるのが非常に遅いので，外でゴルフをすることもある。

最後に，コンサートや映画などの催しものもある。アメリカと日本の違いの１つは，これらの催しの開始時刻である。コンサートや芝居は普通午後７時半以降に始まるので，その前に夕食をとる時間がたっぷりある。映画は通常，夜の上映が２回あり，はじめは午後７時ごろ，次が午後９時ごろである。**したがって**，映画を見に行く前か後に夕食をとることが可能だ。ほとんどのアメリカ人は車で出かけるので，帰りの終電を心配する必要がない。

(28) **解答** **1**

1 仕事をより早く終える

2 はるかに一生懸命働く

3 もっと真剣に仕事のことを考える

4 もっと肯定的に考える

解説 アメリカ人の働き方について,「仕事をより早く始めるので〜」という文脈なので,**1** の「仕事をより早く終える」が正解。また,その直後にある「そのため夕方の活動をするための時間がたくさん残っている」とも自然につながる。

(29) **解答** **3**

1 怠惰だと信じられている

2 特別なイベントだと見られる

3 とても重要だと考えられている

4 古いとみなされる

解説 空所を含む文の冒頭にある Even so「それでも」に着目する。これは,その直前にある「手間をかけた夕食を作ることは必ずしも簡単ではない」を受けている。「それでも,ほとんどの家庭では,家族で夕食をとり一緒に過ごすことは今でも〜」という文脈なので,正解は **3**。

(30) **解答** **4**

1 一方で

2 対照的に

3 それどころか

4 したがって

解説 接続表現を選ぶ問題である。空所の前後の文脈をていねいに捉える。空所前では,アメリカでは夜の映画の上映が午後 7 時と午後 9 時の 2 回あることが述べられている。空所後では,映画の前,あるいは後に夕食をとることが可能だとある。前者は後者の理由となっているので,正解は **4** の Therefore「したがって」である。

4A

訳

差出人：ジョン・アンダーソン
受取人：マサオ・カトウ
日付：7月3日
件名：ようこそ

マサオへ

僕は君がこの秋からハドソン大学で勉強するためにこちらに来ると聞いて，とてもうれしく思います。僕の専攻は経済学ですが，君のために心理学の課程について，たくさん情報を集めることができると思います。聞くところによると，その学部には優秀な教授が何人かいますが，学生には猛勉強を求めるそうです。そんなことは君には何の問題でもないと思いますが。

君は大学の近くにアパートを借りようかと考えていると言っていましたね。もし誰かと部屋を共用するのが嫌でなければ，とてもいいルームメートとして，マイクを紹介できますよ。彼もこの付近でアパートを借りようとしています。彼はコンピュータサイエンスを専攻していて，僕の親友の１人です。彼はバスケットボール部に入っています。

先日，僕は繁華街の日本食レストランでナンシーに会いました。僕たちは日本から戻ってきてからはまだ顔を合わせていませんでした。彼女も君が９月にこちらに来ると聞いて，とても喜んでいました。僕たちは君が到着したらすぐに，君のために盛大な歓迎パーティーを開くことにしました。アメリカで最初に何を食べたいか，教えてくださいね。

それでは。

ジョン

(31) 解答 3

「マサオが計画しているのは」

1 教授になるために一生懸命勉強すること。

2 心理学と経済学の両方を専攻すること。

3 ハドソン大学で勉強すること。

4 心理学部で働くこと。

解説 第１段落第１文にある you're coming here to study at Hudson University beginning this autumn「君がこの秋からハドソン大学で勉強するためにここに来る」から **3** が正解。**2** がやや紛らわしいが，きちんと考えると，psychology はマサオの専攻だが economics はマサオではなくジョンの専攻なので不適とわかる。

(32) 解答 4

「ジョンはマサオがどうすることを提案していますか」

1 マイクと一緒にコンピュータサイエンスを専攻すること。

2 バスケットボールの試合を見に行くこと。

3 大学から離れたところのアパートを選ぶこと。

4 彼の友人の１人と一緒にアパートに住むこと。

解説 第２段落第２文の If you don't mind sharing a room with somebody, I can introduce a good roommate, Mike, ...「誰かと部屋を共用してもいいなら，いいルームメートとしてマイクを紹介できるよ」から，正解は **4**。ジョンはマサオに親友のマイクと部屋を共用することを提案しているのである。

(33) 解答 1

「ジョンとナンシーが計画していることは」

1 マサオのためにパーティーをすること。

2 マサオと一緒に日本に戻ること。

3 日本食レストランで夕食をとること。

4 マサオのためにアパートを見つけること。

解説 第３段落第４文でジョンは We agreed to have a big welcome party for you on your arrival.「君が到着したらすぐに盛大な歓迎パーティーを開くことに決めた」と言っているので，**1** が正解。on your arrival は「君が到着したらすぐに」という意味。

4B

訳 みそブーム

科学者イケダ・キクナエ（池田菊苗）は，1908年に初めて「うまみ」を発見した人であったが，それは英語では前世紀の終わりになってようやく広く知られるようになった。その味の意味を理解する一番簡単な方法は，みそを食べることである。みそは古代中国から伝わったと信じられている。「みそ」という語は，平安時代の歴史書に初めて登場する。その当時，みそは日本ではぜいたくな食べ物であり，贈り物としてや高位の職に就く人の給料として与えられていた。

のちに，みそはもっと一般的な食べ物となり，鎌倉時代にはみそ汁が考え出された。さまざまな国で，人々は日本食レストランでみそ汁を楽しむことができる。みそは，長い間，アジア食品のスーパーマーケットで国際的に売られてきた。しかし2014年ごろから，多くの国々の料理人が自国の文化の食材とみそを混ぜ合わせるようになっている。

イギリスでは，古くからある自国のケーキやプディングのための風味豊かなソースを作るために，カラメルやクリームにみそを入れるレストランもある。みそはまたアイスクリームのトッピングやポップコーンの味として，またスムージーの材料としても人気がある。フランスでは，みそはサラダドレッシングにも入っており，今や肉・魚料理の新しい味となっている。みそパンを焼いて楽しむアメリカ人もいるし，朝食時にバターの代わりにみそをトーストにのせて食べる国もいくつかある。

現在，多くの国が自国のみそを製造している。アメリカでは，えんどう豆で作られるみそもある。そしてオランダでは体にいいとされる豆が使用されている。オーストラリアにあるメルーみそ会社はたった2人で創業されたが，今や大企業となり，自社のみそを国中の一流レストランに販売している。人気の料理本が出版され，その本は一般の人々に自宅のキッチンでみそをいかに使うかを説明している。この本のおかげで，世界中で販売されているみその量は年々増えている。

(34) 解答 2

「みそについて言われていることは」

1 科学者イケダ・キクナエによって初めて食べられた。

2 もともと日本由来のものではなかった。

3 世界中で広く知られた贈り物である。

4 中国で高位の職に就く人々に与えられている。

解説 第1段落第3文に，Miso is believed to have come from ancient China.「みそは古代中国から伝わったと信じられている」とあるので，正解は**2**。**1**は，イケダ・キクナエは「うまみ」の発見者なので不適。**4**の「高位の職に就く人に与えられる」は昔の日本で行われていたことなので，不適。

(35) 解答 3

「海外の料理人は2014年以来どんなことをしていますか」

1 日本でレストランを開いている。

2 みそ汁を人々に紹介している。

3 みそを自国の料理に加えている。

4 自国のアジア食品のスーパーマーケットでみそを売っている。

解説 質問文にある since 2014 という表現は，第2段落の最終文冒頭に出てくる。そこに chefs in many countries have been mixing miso with foods from their own cultures「多くの国の料理人が自国文化の食材とみそを混ぜている」とあるので，正解は**3**。選択肢では mixing miso が adding miso「みそを加えている」に言い換えられていることにも注意しよう。

(36) 解答 3

「世界のある地域で，みそは」

1 アイスクリームの一番人気のある味の1つである。

2 サラダドレッシングの代わりに脇に添えられている。

3 朝，トーストされたパンに塗られる。

4 肉や魚が焦げるのを防ぐために使われている。

解説 第3段落の最終文の後半に there are several countries where miso is eaten instead of butter on toast at breakfast time「朝食時にバターの代わりにトーストにみそをのせて食べる国がいくつかある」とあるので，正解は**3**。**1**は，「一番人気のある味」という記述はないので不適。**2**は，みそはサラダドレッシングの材料ではあるが，「サラダドレッシングの代わりに脇に添えられる」とは述べられていないので不適。

(37) 解答 1

「みその売上高はなぜ毎年上がっているのですか」

1 人々が自宅でそれを使った料理方法を学んでいるから。

2 アメリカでより体に良いみそが製造されているから。

3 オーストラリアで商売を始める人が増えているから。

4 みその作り方を説明した本が出版されたから。

解説 第4段落の最後から2つ目の文に，自宅のキッチンでのみその使い方を説明した料理本が出版されたとあり，最終文に Thanks to this book, more and more miso is sold each year around the world.「この本のおかげで，世界中で年々みその販売量が増えている」とあるので，正解は **1**。**4** は，その本はみその使い方についての本であり，みその作り方の本ではないので，不適。

5

QUESTION の訳

あなたは生徒は自分たちで学校を清掃すべきだと思いますか。

解答例①

I think students should clean their school by themselves. I have two reasons for this. First, it is a good way to learn responsibility. Students can see that they should take care of what they use. Second, working with friends is fun. Students will become better friends through cleaning together. For these reasons, I think students should clean their school. (60 語)

解答例①の訳

私は生徒は自分たちで学校を清掃すべきだと思います。これには理由が2つあります。1つ目は，それが責任感を身につけるのに良い方法だからです。生徒たちは自分たちが使うものは自分たちで手入れをするべきだということが理解できます。2つ目は，友達と一緒に働くことは楽しいからです。一緒に清掃をすることを通じて，生徒たちはもっと仲よくなることでしょう。これらの理由により，私は生徒は自分の学校を清掃すべきだと考えます。

解答例②

I don't think students should clean their school by themselves. This is because they can use their time better if they don't have to clean their classroom. For example, they can spend more time on studying or their club activities. Also, classrooms will be cleaner if professional cleaners clean them. Students should learn to thank their cleaners. (57 語)

解答例②の訳

私は生徒は自分たちで学校を清掃すべきだとは思いません。これは，教室を清掃する必要がなければ彼らはもっと上手に時間を使えるからです。例えば，勉強やクラブ活動にもっと時間を費やすことができます。また，プロの清掃員が清掃した方が教室はきれいになります。生徒たちは清掃員に感謝することを学ぶべきです。

解説 まず，質問に対して「そう思うか（Yes），そう思わないか（No）」の立場を，I think .... または I don't think .... を用いてはっきりと表す。

次にそれぞれの立場の理由を２つ述べる。解答例①のように I have two reasons for this.「これには理由が２つある」と書くと，この後でこの意見に対する理由が２つ示されることをはっきりと伝えられる。

解答例①は Yes. の場合である。１つ目の理由は，First「１つ目に」で導入し，「(清掃は）責任感を身につけるのに良い方法である」と書いている。次の文でそれをさらに具体的に表現し「生徒たちは自分たちで使うものは自分たちで手入れをするべきであることが理解できる」とした。次に Second で２つ目の理由を導入して，まず「友達と一緒に働くことは楽しい」と短く端的に書いた。そして次の文で，楽しいことの補足として，「友達ともっと仲よくなれる」ことを挙げている。

解答例②は No. の場合である。まず最初の理由を This is because 〜.「これは〜だからである」で導入し，清掃の時間をもっと有効に利用できると指摘し，次の文でその内容を具体的に説明している。２つ目の理由は Also「また」で導入している。清掃はプロに任せる方がきれいになると書き，生徒はそのことを通じて清掃員に感謝することを学ぶべきだと論じた。

語数が許せば，解答例①のように最後に全体のまとめを書いてもよい。解答例①は，For these reasons「これらの理由により」で始めて，それまで述べてきた２つの理由をもとに結論がくることを明快に示し，冒頭で示した文の内容を別の表現で示している。

Test 2

解答一覧

※スピーキングとライティングは解答例参照

リスニングテスト

第*1*部

1	2	3	4	5	6	7	8	9	10
3	1	2	2	3	3	3	2	3	2

第*2*部

11	12	13	14	15	16	17	18	19	20
2	1	4	4	4	1	2	2	2	2

第*3*部

21	22	23	24	25	26	27	28	29	30
4	3	4	3	1	2	1	1	3	1

筆記試験（リーディング）

1

1	2	3	4	5	6	7	8	9	10	11	12	13	14	15
1	3	4	2	1	1	3	1	2	2	1	2	1	4	1

16	17	18	19	20
4	4	2	2	2

2

21	22	23	24	25
4	4	3	2	4

3

26	27	28	29	30
1	4	3	4	4

4

31	32	33	34	35	36	37
2	4	2	2	1	4	2

スピーキングテスト
解答解説

問題 p. 60〜61

S2-1〜S2-4

訳　電子黒板

日本の学校では，ほとんどの教師が授業するときに黒板かホワイトボードを使う。最近，電子黒板を利用し始めた学校もある。教師は電子黒板を使って教科についての写真やビデオを見せ，そうすることにより，生徒たちがより良く教科を理解できるように手助けしている。科学技術が学習と指導スタイルを変えている。

No. 1

According to the passage, how do teachers help students understand the subject better?

文章によると，教師はどのようにして生徒がより良く教科を理解できるように手助けしているのですか。

解答例

By showing pictures and videos about the subject using electronic blackboards.

電子黒板を使って教科についての写真やビデオを見せることによってです。

解説　まず，質問文に出てくる help students understand the subject better が問題カードの第３文最後の部分に出てくるのを確認しよう。その前にある by doing so「そうすることによって」の do so がさらにその前にある show pictures and videos about the subject using electronic blackboards を指していることを見抜き，By showing pictures ... using electronic blackboards. と答えればよい。この質問のように How 〜?「どのようにして〜?」という質問の場合 By *doing* 〜. と答えるのが普通である。

No. 2

Now, please look at the people in Picture A. They are doing different things. Tell me as much as you can about what they are doing.

さて，A の絵の人々を見てください。彼らはいろいろなことをしています。彼らが何をしているのか，できるだけたくさん説明してください。

解答例

-A man is carrying books.
-A girl is putting on her coat.
-A girl is taking a pair of scissors out of her bag.
-A boy is watering the flowers.
-A boy is writing something in a notebook.

- 男性が本を運んでいます。
- 女の子がコートを着ようとしています。
- 女の子がカバンからハサミを取り出しています。
- 男の子が花に水をやっています。
- 男の子がノートに何かを書いています。

解説 5つの動作を現在進行形の文で説明する。「～を着る，身につける」は put on ～ である。wear は「～を身につけている」という状態を表し，動作には用いられない。ちなみに反対に「～を脱ぐ」は take off ～。「B から A を取り出す」は take *A* out of *B* であり，反対に「A を B に入れる」は put *A* into *B* である。water は動詞として「～に水をやる」という意味があり，water the flowers で「その花に水をやる」。ノートに何かを書いている男の子については，A boy is taking notes on a notebook.「ノートにメモを取っている」のようにも言うことができる。

No. 3

Now, look at the girl in Picture B. Please describe the situation.
さて，B の絵の女の子を見てください。この状況を説明してください。

解答例

She doesn't have her glasses with her, so she can't see the blackboard well.
彼女はメガネが手元にないので，黒板がよく見えません。

解説 このイラストの説明では，「女の子のメガネが手元にない」ことと「黒板がよく見えない」ことの2点を必ず述べる。また，解答例のように so「それで」を用いて，前者が後者の理由であることも示したい。She can't see the blackboard well because she doesn't have her glasses with her. のように because を用いて因果関係を表してもよい。さらに，「メガネが手元にない」を「メガネを持ってくるのを忘れた」と考えて she forgot to bring her glasses としてもよい。

No. 4

Now, Mr. / Ms. —, please turn over the card and put it down.
Do you think schools should have more classes to help students learn about computers?

Yes. → Why?　No. → Why not?

それでは，～さん，カードを裏返しにして置いてください。

学校には生徒がコンピュータについて学ぶのを助ける授業がもっとあるべきだと思いますか。

はい。→なぜですか。　いいえ。→なぜですか。

解答例

（Yes. と答えた場合）In today's society, people can't live without computers. Students should be familiar with using computers in preparation for future work.

今日の社会では，人はコンピュータなしに暮らすことができないからです。生徒たちは将来の仕事に備えてコンピュータを使うことに慣れるべきです。

（No. と答えた場合）Many students learn to use computers at home. At school they should spend more time studying other subjects.

多くの生徒が家庭でコンピュータを使えるようになるからです。学校では他の教科を勉強するのにもっと時間を使うべきです。

解説　質問は「学校で生徒がコンピュータについて学ぶのを助ける授業をもっと増やすべきと思うか」である。まず, Yes. か No. で答え, その後でその理由を述べる。Yes. の場合には,「コンピュータについて学ぶことは今日の社会ではとても重要である（Learning about computers is very important in today's society.)」などとコンピュータ学習の重要性について述べて，その後で「生徒はプログラミング［コンピュータグラフィックス］についてもっと学ぶべきだ（Students should learn more about programming [computer graphics].)」などと具体的に学ぶべき事柄を挙げてもよいだろう。No. の場合には,「生徒たちはコンピュータについてすでに十分に学んでいる（Students already learn enough about computers.)」のようにも言える。

No. 5

These days, many people take photos with their smartphones. Do you often take photos with your smartphone?

Yes. → Please tell me more.　No. → Why not?

このごろ，多くの人がスマートフォンで写真を撮ります。あなたはよくスマートフォンで写真を撮りますか。

Yes. →もっと説明してください。　No. →なぜですか。

解答例

（Yes. と答えた場合）I often take photos of the food I eat. For me it's like keeping a diary.

私はよく自分が食べる食べ物の写真を撮ります。私にとってそれは日記をつけるようなものです。

（No. と答えた場合）I rarely take photos with my smartphone. I prefer to take photos with my digital camera.

私はスマートフォンで写真を撮ることがほとんどありません。デジタルカメラで写真を撮る方が好きです。

解説 「あなたはスマートフォンで写真を撮るか」という個人的な習慣を問う問題である。Yes. か No. で答えた後，その理由やもっと詳しく具体例などを話す。Yes. の場合には，「より良い写真が撮れる（can take better pictures）」など性能面について話してもよいだろう。No. の場合には，スマートフォンで写真を撮らないと話した後で，「情報を得たり友達と情報を交換したりするためだけにスマートフォンを使う（I use my smartphone only to get some information or communicate with friends.）」などと自分の使い方について説明してもよいだろう。

リスニングテスト 解答解説

問題 p. 62～66

第 *1* 部 L2-01～L2-11

No. 1 解答 3

★：I have a bad cold and feel sick to my stomach.

☆：That's too bad. Maybe you should go home.

★：Yeah. If I don't feel better, I might go see a doctor.

1 Yes, I have already taken my medicine.

2 Oh, what's wrong with you?

3 Take care of yourself.

★：ひどい風邪をひいてしまって，吐き気がするんだ。

☆：それは大変ね。たぶんあなたは家に帰った方がいいわ。

★：うん。もし良くならないようなら，医者に行って診てもらうかもしれない。

1 ええ，私はもう薬を飲んだわ。

2 まあ，どうしたの？

3 お大事にね。

解説 男性が風邪をひいて具合が悪いと言っているところ。対話の最後の「医者に診てもらうかもしれない」に対しては**3**の「お大事に」が適当。Take care of yourself.「お体を大切にしてください」という表現は日常生活でも頻出なので覚えておこう。go (to) see a doctor で「医者に診てもらう」という意味である。

No. 2 解答 1

★：Mia, have you met Ms. White yet?

☆：You mean our new teacher? No, not yet. Have you?

★：Yes. I'm sure you'll like her.

1 What does she look like?

2 That's OK. We'll wait for her.

3 I have known her for a long time.

★：ミア，ホワイト先生にはもう会った？

☆：新しい先生のこと？　ううん，まだよ。あなたは会ったの？

★：うん。君はきっと彼女を気に入るよ。

1 彼女はどんな人かしら？
2 いいわよ。彼女を待つわ。
3 彼女とはずっと前から知り合いなの。

解説 new teacher が話題になっている。No, not yet. は No, I haven't met her yet. のことで，女の子が新しい先生にまだ会っていないことがわかる。どんな人であるかを尋ねている **1** が正解。What does ～ look like? は「～は（外見が）どのようであるか」という定型表現。

No. 3 解答 **2**

☆：Masao, have you finished studying for the English test yet?
★：No, it's too difficult for me to understand.
☆：I can help you if you like.
1 I took the test already.
2 Thanks, that would be great.
3 I failed the examination.

☆：マサオ，あなたはもう英語のテスト勉強は終えたの？
★：いや，僕には難しすぎてわからないんだ。
☆：よかったら手伝うわよ。
1 もうテストは受けたよ。
2 ありがとう，それは助かるなあ。
3 僕は試験に落第したんだ。

解説 対話の最後の「勉強を手伝おう」という申し出にどう答えるか考える。正解はそれに感謝してお願いしている **2**。**1** の「もうテストを受けた」や **3** の「試験に落第した」は，テストをこれから受けるので誤り。

No. 4 解答 **2**

★：Hello, Grandma. It's Fred. Thanks for sending us apples.
☆：Thank you for calling, Fred. You like apples, don't you?
★：Yes. Mom and I will make an apple pie together.
1 No. I've never tried it before.
2 That's great. Enjoy yourselves!
3 Don't worry. I have a recipe.

★：もしもし，おばあちゃん。フレッドです。リンゴを送ってくれてありがとう。
☆：電話してくれてありがとう，フレッド。あなたはリンゴが好きなのよね？
★：うん。母さんと僕は一緒にアップルパイを作るつもりだよ。
1 いいえ。以前に食べたことがないわ。

2 それはいいわね。楽しくやってね！

3 心配しないで。レシピがあるから。

解説 孫から祖母への電話。用件はリンゴを送ってくれたお礼を述べることである。会話の最後の Mom and I will make an apple pie together.「母さんと僕は一緒にアップルパイを作る予定なんだ」に対して適切な応答は，That's great.「それはいいわね」と答えている**2**。

No. 5 解答 3

☆：It's going to rain all day tomorrow.

★：That's too bad. I wanted to go on a picnic.

☆：Why don't we rent a movie instead?

1 No, the mountains are too far away.

2 We had fun at the picnic.

3 Yes, I'd like that.

☆：明日は一日中雨が降るわよ。

★：それは残念だな。ピクニックに行きたかったのに。

☆：代わりに映画を借りない？

1 いや，山は遠すぎるよ。

2 ピクニックは楽しかったね。

3 うん，それがいいね。

解説 最後の Why don't we rent a movie instead?「代わりに映画を借りない？」という誘いに同意している**3**が正解。Why don't we ～？「～しない？」は何かを提案するときの言い方。

No. 6 解答 3

★：Ella, is this your first time skating?

☆：Yes. It's hard, isn't it?

★：A little. But how do you like it?

1 No, I can't skate well at all.

2 Sure, how about you?

3 Well, I need much more practice.

★：エラ，スケートをするのはこれが初めて？

☆：そうよ。難しいわね。

★：ちょっとね。でも，感想はどう？

1 いいえ，私はスケートが全然上手じゃないの。

2 もちろんよ，あなたはどう？

3 そうね，私にはもっとずっと練習が必要だわ。

解説 前半より2人はスケートをしている場面であることをつかむ。最後の疑問文を注意して聞く。初めてスケートをした感想を聞いているので，**3** が正解。How do you like ～？は「～はどうですか」と相手に感想を聞くときの表現。

No. 7 解答 3

☆：Excuse me, how can I get downtown from here?

★：You can go there by subway.

☆：How often do the trains run?

1 Half an hour ago.

2 About ten miles.

3 Every ten minutes.

☆：すみません，ここから繁華街へはどうしたら行けますか。

★：地下鉄で行けますよ。

☆：列車はどのくらいの間隔で運行していますか。

1 今から30分前です。

2 およそ10マイルです。

3 10分おきです。

解説 前半から繁華街への行き方を尋ねている場面であることをつかむ。対話の最後にHow often ～？「どのくらい頻繁に～？」と頻度を尋ねているので **3** が正解。

No. 8 解答 2

☆：Hi, Jimmy. What are you reading?

★：Oh, hi, Alice. This is a book on scuba diving.

☆：Scuba diving? Wow! Have you ever tried it?

1 Yes, I like to read books.

2 Yes. Last summer, in Hawaii.

3 Yes. I'll try next year.

☆：こんにちは，ジミー。何を読んでいるの？

★：ああ，やあ，アリス。これはスキューバダイビングの本だよ。

☆：スキューバダイビングですって？　まあ！　今までそれをやってみたことがあるの？

1 うん，読書は好きなんだ。

2 うん。去年の夏，ハワイでね。

3 うん。来年やってみるよ。

解説 対話の最後のHave you ever tried it?（it = scuba diving）をしっかり

聞き取ろう。選択肢はいずれも Yes. で答えているが，ここではスキューバダイビングの経験の有無を聞いているので，いつ経験したかを答えている **2** が正解。**3** は I'll try next year. と未来のことを言っているので不適。

No. 9 解答 **3**

☆：Are you still a member of the science club?
★：Yes. I spend all of my free time there.
☆：You really like it, don't you?
1 Yes, I like any kind of sport.
2 Sure, I was in the science club.
3 It depends on the project we are doing.

☆：あなたはあいかわらず科学部に入っているの？
★：うん。時間のあるときはいつも科学部で過ごすよ。
☆：あなたは本当に科学部が好きなのね。
1 うん，僕はどんなスポーツも好きだよ。
2 もちろん，僕は科学部だったよ。
3 取り組んでいる企画によるけどね。

解説　最後の「科学部が本当に好きなのね」という発言を注意して聞く。..., don't you? と聞かれているので Yes か No で答えるべきだと早合点して **1** や **2** を選択しないこと。正解は **3** である。depend on ～ は「～次第である」という意味。

No. 10 解答 **2**

☆：What would you like to study at university?
★：Well, I haven't decided yet. What about you, Cathy?
☆：I haven't, either.
1 I'll study chemistry.
2 It's a difficult decision, isn't it?
3 It's a good idea to go there.

☆：大学では何を勉強したいの？
★：うーん，まだ決めていないんだ。キャシー，君は？
☆：私も決めてないわ。
1 僕は化学を勉強するつもりだよ。
2 難しい決断だよね。
3 そこに行くのはいい考えだね。

解説　最初の文から，大学での専攻が話題になっていることを理解したい。対話の最後の I haven't, either. は，I haven't decided yet, either. のこと。2人ともまだ専攻を決めていないので，**2** の It's a difficult decision ... という発言が適当である。decision は decide の名詞形で「決定，決断」の意味。

第2部 L2-12～L2-22

No. 11 解答 2

★：Mom, it's me. Can I stay at Joel's tonight? It's his sister's birthday.
☆：What about your math homework?
★：We'll do it together. Please, Mom?
☆：Well, you have a history exam tomorrow morning, right? You should come home tonight.
Question：Why can't the boy stay at his friend's house?

★：お母さん, 僕だけど。ジョエルの家に今夜泊まってもいい？　彼の姉さん[妹さん]の誕生日なんだ。
☆：数学の宿題はどうなの？
★：一緒にやるよ。お願い，お母さん。
☆：そうだわ，明日の午前中には歴史の試験があるのよね？　今夜は帰って来なさい。
質問：男の子はなぜ友達の家に泊まれないのですか。

1 彼の母親の誕生日だから。
2 翌日に大事なテストがあるから。
3 宿題が多すぎるから。
4 母親がすでに夕食を作ってしまったから。

解説　息子から母親への電話。用件は外泊の許可をもらうことである。母親は，数学の宿題について確認した後，明日歴史の試験があることを付け加え，「今夜は帰って来なさい」と言っているので，正解は **2**。

No. 12 解答 1

☆：Excuse me, sir. You cannot walk your dog on the grass.
★：Oh, I didn't know that. Dog walking is not allowed in this park?
☆：You can walk your dog on the footpaths.
★：I see. I'll keep off the grass.
Question：What is one thing the woman is saying?

☆：すみません。芝生の上で犬を散歩させることはできませんよ。

Test 2 Listening

★：ああ，それは知りませんでした。この公園では犬の散歩は認められていないのですね？

☆：歩道なら犬の散歩をしても構いません。

★：わかりました。芝生に入らないようにします。

質問：女性が言っていることの１つは何ですか。

1 芝生の上で犬の散歩をすることは禁じられている。

2 公園に犬を連れて入ることは認められていない。

3 誰も芝生に入ってはいけない。

4 犬の飼い主はビニール袋を携帯しなければならない。

解説 Excuse me, sir. という呼びかけから，見知らぬ者同士の対話だと判断する。女性は冒頭で You cannot walk your dog on the grass.「芝の上で犬の散歩はできない」と言っているので正解は **1**。keep off the grass は，「Keep Off the Grass（芝生立入禁止）」のような注意看板でもよく用いられる。

No. 13 解答 4

☆：What should we do tomorrow? I don't want to visit another temple.

★：Me, neither. How about going to the zoo? The guidebook says they have pandas.

☆：That sounds great. I also want to go to the fish market, but it's only open in the morning.

★：OK. So, let's do that first.

Question：What did the man and woman decide to do tomorrow?

☆：明日は何をしましょうか。もうお寺には行きたくないわ。

★：僕もだよ。動物園に行くのはどうかな？　ガイドブックによるとパンダがいるそうだよ。

☆：それはいいわね。魚市場にも行きたいけど，朝しか開いていないわ。

★：了解。それじゃあ，先にそれをしよう。

質問：男性と女性は明日何をすることにしましたか。

1 有名な寺を訪問する。

2 パンダのビデオを見る。

3 動物園でガイドブックを買う。

4 最初に魚市場へ行く。

解説 冒頭より，明日の行動について相談している場面だとわかる。行き先として相談している場所が，寺→動物園→魚市場と移っていることに注意する。最後の男性の let's do that first「先にそれをしよう」とは魚市場に行くことなので，正解は **4**。

No. 14 解答 4

☆：Why were you absent from school yesterday, Jim?

★：I've got a terrible toothache. I couldn't even think because it kept hurting all the time!

☆：That's too bad. You'd better see a dentist as soon as possible.

★：I've got an appointment this afternoon.

Question：Why was Jim absent from school yesterday?

☆：ジム，昨日はどうして学校を休んだの？

★：ひどく歯が痛かったんだ。ずっと痛み続けるから，考えることもできなかったんだよ！

☆：それはお気の毒に。できるだけ早く歯医者に診てもらった方がいいわよ。

★：今日の午後に予約を取ったんだ。

質問：なぜジムは昨日学校を休んだのですか。

1 町の外にいた。

2 ひどい風邪をひいた。

3 歯医者に行った。

4 歯が痛かった。

解説 冒頭の「昨日どうして学校を休んだの？」を注意して聞き取る。I've got a terrible toothache. と言っているので，正解は **4**。後で出てくる see a dentist「歯医者に診てもらう」は昨日ではなくこれからのことなので **3** を選ばないよう注意。toothache は「歯痛」，appointment は「予約」。

No. 15 解答 4

☆：Paul, how did you do in the math test?

★：I thought it was really difficult. I only scored 45 points.

☆：Well, that's better than my score. I only got 38 points.

★：I heard that Mike got the highest score in the class again.

Question：How did Paul do on the math test?

☆：ポール，数学のテストはどうだった？

★：すごく難しいと思った。45 点しか取れなかったんだ。

☆：まあ，それは私の点数よりいいわ。私はたったの 38 点だったのよ。

★：マイクがまたクラスで一番点数が高かったと聞いたよ。

質問：ポールは数学のテストはどうでしたか。

1 クラスで一番低い点数だった。

2 38 点を取った。

3 クラスで一番高い点数だった。

4 40 点より高い点だった。

解説 テストの結果をめぐるクラスメート同士の対話。対話の２人とマイクがそれぞれ何点なのかを整理して聞き取りたい。ポールは前半で I only scored 45 points. と言っているので，正解は **4**。

No. 16 解答 1

☆：Thank you for flying with us today. Which would you like, chicken curry or pork rice?

★：I'll have a chicken curry.

☆：Hmm.... It looks like we just ran out of the chicken curry. I'm so sorry about that. Are you OK with the pork rice?

★：Ah, I wanted to try the pork, too, so I'm fine with it.

Question：What is the problem with the curry on the airplane?

☆：本日はご搭乗ありがとうございます。チキンカレーとポークライスのどちらがよろしいでしょうか。

★：チキンカレーをいただきます。

☆：ええと…。チキンカレーがちょうどなくなってしまったようです。大変申し訳ありません。ポークライスでも大丈夫でしょうか。

★：ああ，ポークライスも食べてみたかったので，それでいいですよ。

質問：機内のカレーについての問題は何ですか。

1 もう残っていない。

2 おいしくない。

3 豚肉が入っている。

4 十分に温まっていない。

解説 飛行機内での客室乗務員と乗客の対話である。食事を出す場面。女性の客室乗務員が，男性が注文したチキンカレーについて we just ran out of the chicken curry「チキンカレーがちょうどなくなった」と言っているので，正解は **1**。

No. 17 解答 2

☆：Thank you for joining our zoo's guided tour. Here is the giant panda Ten Ten.

★：Wow. She's bigger than a bear! I'd like to take some pictures of her.

☆：Sure. Please wait in this line. Please remember to turn off the flash when taking photos.

★：OK. I hope she doesn't fall asleep before my turn comes.

Question：What does the boy want to do?

☆：私どもの動物園のガイドツアーにご参加いただきありがとうございます。ここにおりますのがジャイアントパンダのテンテンです。
★：わあ。クマより大きいや！　この子の写真を撮りたいなあ。
☆：いいですよ。この列でお待ちください。写真を撮るときに忘れずにフラッシュを切ってくださいね。
★：わかりました。僕の順番が来る前にこの子が眠ってしまわないといいな。
質問：男の子は何をしたがっていますか。

1 大きなクマを見る。
2 写真を撮る。
3 ガイドツアーをキャンセルする。
4 ゆっくり寝る。

解説 動物園のガイドツアーでの対話。男の子が I'd like to take some pictures of her.「彼女（＝パンダ）の写真が撮りたい」と言っているので，正解は **2**。女性の Please remember to turn off the flash when taking photos.「撮影時には忘れずにフラッシュを切ってください」からも推測可能。

No. 18 解答 2

★：Hello. This is Mike speaking. May I speak to Yuka?
☆：Yuka speaking. Hi, Mike. How are you doing?
★：Fine. Do you want to go to a concert on Sunday?
☆：I'm sorry I can't. I'm going to a museum with Mari.
Question：What will Yuka do on Sunday?

★：もしもし。マイクです。ユカさんはいらっしゃいますか。
☆：私，ユカよ。こんにちは，マイク。元気？
★：元気だよ。日曜日にコンサートに行かない？
☆：悪いけど，行けないわ。マリと博物館に行くことになっているの。
質問：ユカは日曜日に何をしますか。

1 コンサートに行く。
2 博物館に行く。
3 マイクに電話をかけ直す。
4 博物館でマイクに会う。

解説 電話での友人同士の会話。マイクからの concert「コンサート」への誘いに対して，ユカは museum「博物館」に行く予定があると言って断っているので，正解は **2**。This is ～ speaking. は「私は～です」と電話で自分の名前を伝えるときの表現。

No. 19 解答 2

☆：Here comes the train.... Oh, no. This train looks terribly crowded!

★：Yes. Shall we wait for the next one? Maybe we'll be able to get seats.

☆：But we'll be late for the lecture, won't we?

★：Oh, you're right. We can't be late.

Question：What do the man and the woman decide to do?

☆：電車が来たわ…。まあ，どうしよう。この電車はひどく混んでいるみたい！

★：うん。次の電車を待たない？　座れるかもしれないよ。

☆：でも，講義に遅刻してしまうわよね。

★：ああ，そのとおりだね。遅刻はできないね。

質問：男性と女性はどうすることに決めますか。

1 次の電車を待つ。

2 この電車に乗る。

3 講義を逃す。

4 講義に遅刻する。

解説　前半より電車を待っている場面であることをつかむ。男性の「次の電車を待たない？」という提案に女性は「講義に遅刻してしまう」と言い，男性もそれに同意している。よって，混雑していても今来ている電車に乗ることが予測できるので，正解は**2**。

No. 20 解答 2

★：Hi, Yoko. I haven't seen you for weeks. How have you been?

☆：Well, I've decided to go to America to study. I've been busy preparing for it.

★：Really? You mean you'll change schools?

☆：Well, I'll come back to this school after staying in America for one year.

Question：What is Yoko going to do?

★：やあ，ヨウコ。何週間も会っていなかったね。どうしていたの？

☆：あのね，勉強しにアメリカに行くことに決めたの。その準備をするので忙しかったのよ。

★：本当？　君が転校するってこと？

☆：いいえ，１年間アメリカに滞在した後は，この学校に戻ってくるわ。

質問：ヨウコは何をしようとしていますか。

1 友達に会いにアメリカに行く。

2 1年間アメリカで勉強する。

3 アメリカの会社で働く。

4 もう１年間同じ学校で学ぶ。

解説　冒頭でヨウコが I've decided to go to America to study「勉強のためにアメリカに行くことに決めた」と言っているので，正解は **2**。また，後半のやりとりから，留学期間は１年であることがわかる。

第3部 L2-23～L2-33

No. 21 解答 4

Mrs. Williams loves Japanese food. Almost every weekend she goes out to a Japanese restaurant with her husband. They have tried many different kinds of Japanese dishes at the restaurant. Now, she is taking a Japanese cooking class once a month. There are lots of students in the class. It's great fun for her to learn Japanese cooking.
Question : What do Mr. and Mrs. Williams do almost every weekend?

ウィリアムズさんは日本料理が大好きだ。週末にはほとんどいつも夫と一緒に日本食レストランに出かける。彼らはそのレストランでたくさんのさまざまな種類の日本料理を食べてみた。現在，彼女は月に１度，日本料理の教室に通っている。その教室にはたくさんの受講生がいる。日本料理を習うことは彼女にはとても楽しい。
質問：ウィリアムズ夫妻は週末にはほとんどいつも何をしますか。

1 料理教室に通う。
2 受講生に日本料理を教える。
3 日本に行く。
4 日本食レストランへ出かける。

解説 選択肢から，「何をするか」が聞き取りのポイントだとわかる。質問は，Mr. and Mrs. Williams「ウィリアムズ夫妻」が２人そろって何をするかと聞いていることに注意。冒頭部分から２人がすることは日本食レストランに行くこととわかるので，正解は **4**。

No. 22 解答 3

Junko is a high school student who lives in Tokyo. Yesterday, it snowed a lot in Tokyo, and she built a snowman. Today, she got an email from her Australian friend, Amelia. In the picture sent by Amelia, people were enjoying surfing in the sea. Junko was surprised to find that she and Amelia were living in totally opposite seasons.
Question : Why was Junko surprised?

ジュンコは東京に住む高校生である。昨日，東京ではたくさん雪が降り，ジュンコは雪だるまを作った。今日，彼女はオーストラリアの友達であるアメリアからメールをもらった。アメリアが送ってきた写真の中では，人々が海でサーフィンを楽しんでいた。ジュンコは，自分とアメリアが正反対の季節で暮らしていることに気づいて驚いた。
質問：ジュンコはなぜ驚いたのですか。

1 知らない人からメールが届いた。

2 彼女の手紙は雪のせいで届かなかった。

3 友達が違う季節で暮らしていた。

4 日本はとても寒かった。

解説 東京に暮らすジュンコとオーストラリアのアメリアの話である。東京の雪とオーストラリアのサーフィンが紹介された後，最後に「自分とアメリアが全く違う季節で暮らしていることに驚いた」と述べられているので，正解は **3**。

No. 23 解答 4

Strawberries have been popular since the Roman times and are grown in many countries now. Despite their name, strawberries are not actually berries, because their seeds are on the outside. However, the tiny pieces that look like seeds on strawberries are not seeds. They are actually fruits themselves and contain their own seeds inside them.
Question : What is one thing we learn about strawberries?

イチゴはローマ時代からずっと人気があり，今では多くの国で栽培されている。その名前（ストロベリー）にもかかわらず，実はイチゴはベリーではない。というのはその種子が外側にあるからである。しかし，イチゴの表面にある種子のように見える小さな粒は種子ではない。実はそれらはそれ自身が果実であり，その中に種子がある。
質問：イチゴについてわかることの１つは何ですか。

1 最近人気となった。

2 さまざまな名前がある。

3 種子が全くない。

4 真のベリーではない。

解説 イチゴについての説明。前半部分で strawberries are not actually berries「実はイチゴはベリーではない」と説明されているので，正解は **4**。

No. 24 解答 3

Brian was supposed to meet Mary at five. When he started the car, he found that he didn't have any money with him. So, he went back to get his wallet. Then he tried to get into his car again, but he couldn't. He had locked his key in the car. He had to ask a 24-hour lock service to unlock the door.

Question : What was Brian's problem?

ブライアンは5時にメアリーと会うことになっていた。車のエンジンをかけたとき，お金を持っていないことに気づいた。それで，財布を取りに戻った。それから再び車に乗ろうとしたが，乗れなかった。車の中に鍵を置いたままロックしてしまったのだ。彼は24時間営業の鍵サービスに頼んで，ドアの鍵を開けてもらわなくてはならなかった。

質問：ブライアンの問題は何でしたか。

1 メアリーに会うのを忘れた。

2 財布をなくした。

3 車の中に鍵を置いてロックした。

4 メアリーに会ったとき，お金を持っていなかった。

解説 車に乗れなかった理由はHe had locked his key in the car.「車の中に鍵を置いたままロックしてしまった」からなので，正解は**3**。この部分を聞き逃しても，最後の文「鍵を開けてもらわなくてはならなかった」がヒントになる。ここでのlockは「～を閉じ込める」。unlock「～の鍵を開ける」。

No. 25 解答 1

Thank you for shopping at Welmo Supermarket. We are closing in about 15 minutes. All fresh food is 20% off the regular price now, so shoppers who might need vegetables, fruit or meat, please hurry to the fresh food section. Please enjoy shopping at Welmo Supermarket, and we'll be here for you tomorrow and every day. Thank you.

Question : What is happening to fresh food?

ウェルモスーパーマーケットでのお買い物をありがとうございます。あと15分ほどで閉店いたします。すべての生鮮食料品が今，通常価格の20%引きでございますので，野菜，果物，お肉が必要なお客さまは生鮮食料品コーナーへお急ぎください。どうぞウェルモスーパーマーケットでのお買い物をお楽しみください。私どもは明日も，そして毎日，皆さまのそばにございます。ありがとうございます。

質問：生鮮食料品に何が起こっているのですか。

1 割引されている。

2 別のコーナーへ移動されている。

3 ちょうど売り切れた。

4 明日20%引きになる。

解説 スーパーの一日の閉店間際のお知らせである。All fresh food is 20% off the regular price now「すべての生鮮食料品が今，通常価格の20%引きです」

と述べられているので，正解は **1**。**4** は，割引は明日ではなく今現在のことなので不適。

No. 26 解答 **2**

Gary belongs to the basketball team. After classes are over, he hurries to the gym and practices basketball. Next week his team will play in the finals of the summer tournament. Gary is not sure whether he will play in the game or not, but he is looking forward to going to the big tournament.
Question : What is Gary's team going to do?

ゲーリーはバスケットボールチームに所属している。授業が終わると彼は体育館に急いで行き，バスケットボールの練習をする。来週，彼のチームは夏季大会の決勝戦に出場する。ゲーリーは試合に出場するかどうかわからないが，大きな大会に行けることを楽しみにしている。
質問：ゲーリーのチームは何をする予定ですか。

1 最後のバスケットボールの試合をする。
2 バスケットボールの決勝戦に参加する。
3 卒業アルバムのための写真を撮る。
4 他のチームを学校に招待する。

解説　ゲーリーのバスケットボールチームが話題。Next week his team will play in the finals「来週彼のチームは決勝戦に出場する」と言っているので，正解は **2**。最後の「大きな大会に行くことを楽しみにしている」からも推測可能。finals は「決勝戦」。

No. 27 解答 **1**

Tomoko and her friends have decided to go on a trip next spring. Tomoko wanted to go to Nagano and visit some hot spring resorts, but her friends said they wanted to visit Okinawa. They showed Tomoko some beautiful pictures of beaches in Okinawa, so Tomoko began to agree with them.
Question : What are Tomoko and her friends most likely to do this spring?

トモコと彼女の友人たちは今度の春に旅行に行くことにした。トモコは長野に行って温泉地を訪ねたかったのだが，友人たちは沖縄に行きたいと言った。彼女たちはトモコに，沖縄のビーチの美しい写真を何枚か見せたので，トモコは彼女たちに賛成し始めた。
質問：トモコと彼女の友人たちがこの春に最もしそうなことは何ですか。

1 沖縄を訪れる。
2 長野に旅行する。

3 温泉地でゆっくりする。

4 沖縄の友人を招待する。

解説 トモコと友人たちの旅行が話題。トモコは長野の温泉，友人たちは沖縄を希望していたが，最後に Tomoko began to agree with them「トモコは彼女たち（＝友人たち）に賛成し始めた」と述べられているので，友人たちの希望の沖縄へ行く可能性が高いと考えられる。よって，正解は **1**。

No. 28 解答 1

Now, I'd like to introduce today's lecturer, Professor Lopez from New Mexico. He is a specialist in AI, artificial intelligence. He is going to talk about his study on how robots can be of help to elderly people or people with mental problems. Now, please welcome Professor Lopez with a warm round of applause.

Question：What does Professor Lopez do?

さて，本日の講師である，ニューメキシコからお越しのロペズ教授をご紹介いたします。先生はAI，つまり人工知能の専門家でいらっしゃいます。先生には，ロボットがいかにしてお年寄りや精神疾患を抱えた人に役立ちうるかについての研究についてお話しいただきます。さあ，大きな温かい拍手でロペズ教授をお迎えください。

質問：ロペズ教授は何をしていますか。

1 ロボットの利用の仕方を研究している。

2 ロボットをお年寄りに売っている。

3 人々の精神疾患を治療している。

4 ニューメキシコ大学で講義している。

解説 講演会での講師紹介の場面である。名前と専門についての説明の後で，He is going to talk about his study on how robots can be of help to ～「ロボットがいかに～に役立つかについての研究について話す」と述べられているので，正解は **1**。be of help は be helpful と同義である。

No. 29 解答 3

Trilobite beetles are insects that are found in rainforests of India or South Asia. They are so named because they look like an ancient creature called trilobites. Female trilobite beetles are colorful. There are black ones with orange dots, and some females are even purple. Strangely, males are rarely seen in the wild. They have been found only a handful of times.

Question：What is one thing we learn about trilobite beetles?

サンヨウベニホタルはインドや南アジアの熱帯雨林に見られる昆虫である。それらは，三葉虫と呼ばれる古代生物に似ているので，そのように名付けられている。メスのサンヨウベニホタルはカラフルである。オレンジ色の斑点のある黒の個体や，紫色のメスまでいる。奇妙なことに，オスは野生ではほとんど見られない。ほんの数度見つかっているだけである。
質問：サンヨウベニホタルについてわかることの１つは何ですか。

1 古代生物である。　**2** カラフルな植物を食べる。
3 オスはめったに発見されない。　**4** メスは2，3年生きる。

解説 trilobite beetle「サンヨウベニホタル」という聞き慣れない昆虫についての説明である。メスの説明の後，Strangely, males are rarely seen in the wild.「奇妙なことにオスは野生ではほとんど見られない」と述べられているので，正解は**3**。その後に出てくる「ほんの数度見つかっているだけである」からも推測可能である。

No. 30 解答 1

Lisa shares a room with her seven-year-old brother Liam. He usually goes to bed earlier than Lisa, so she has to turn off the light at Liam's bed time. When Lisa studies or reads, she has to use a desk lamp. Moreover, she can't watch her favorite TV program after Liam goes to bed. Now she wants a room of her own.
Question：What is Lisa's problem?

リサは７歳の弟のリアムと一緒に部屋を使っている。彼は普段リサよりも早く寝るので，リサはリアムの就寝時刻には電気を消さなくてはならない。勉強や読書をするときは，卓上の電気スタンドを使わなくてはならない。さらに，リアムが寝た後は，好きなテレビ番組を見ることができない。今，リサは自分の部屋が欲しいと思っている。
質問：リサの問題は何ですか。

1 リアムと部屋を共有している。
2 リアムの勉強を手伝わなければならない。
3 リアムが夜遅くまで起きている。
4 リアムがリサの机を使う。

解説 冒頭に Lisa shares a room with her seven-year-old brother Liam.「リサは７歳の弟のリアムと一緒に部屋を使っている」と述べられており，それ以降はそのために「早く電気を消す」「好きなテレビが見られない」という自由にならない具体的な状況が説明されている。よって，正解は**1**。

筆記試験（リーディング＋ライティング）
解答解説

問題 p. 68～80

1

(1) 解答 1

A「キャシーと彼女のお姉さん［妹さん］はとてもよく似ているね」

B「うん。僕にはどっちがどっちだか見分けがつかないよ」

解説 B は I can't tell one from the other.「一方を他方と見分けられない」と言っているので，正解は **1**。alike は「(複数の人・物が）よく似て」という意味の形容詞。**2** distant「遠い」, **3** serious「まじめな, 深刻な」, **4** negative「否定的な」。

(2) 解答 3

A「おはようございます。スミスさんと 11 時に面会する約束があるのですが」

B「はい，お待ちしております。中にお入りください」

解説 B の Yes, he's expecting you.「はい，彼はあなたをお待ちしています」から，A は Mr. Smith と会う約束をしていることがわかるので，正解は **3**。appointment は「(日時・場所を決めての）約束」。**1** occupation「職業，仕事」，**2** imagination「想像（力)」，**4** emergency「非常事態」。

(3) 解答 4

A「この辺りでいいレストランを知ってる？」

B「もう湖のそばのイタリアンレストランの席を予約してあるよ」

解説 「レストランの席をもう予約してある」という内容になるように，**4** を選ぶ。reserve は「～を予約する」という意味で，名詞形は reservation「予約」。**1** reduce「～を減らす」，**2** miss「～しそこなう」，**3** offer「～を提供する」。

(4) 解答 2

A「昨夜のジャズコンサートはどうだったの，トニー？」

B「本当に素晴らしかったよ。僕は特にドラマーが良かったな。すごかったんだ」

解説 「コンサートは素晴らしく，特にドラマーが良かった」ということなので，**2** の particularly「特に」を選ぶ。**1** necessarily「必ず」，**3** suddenly「突然」，**4** regularly「規則正しく」。

(5) 解答 1

A「私が 1 週間前に送った手紙は受け取った？」

B「いや。まだ配達されていないと思うよ」

解説 B は手紙を受け取っておらず,「まだ配達されていない」という意味になると考えて, **1** を選ぶ。deliver は「～を配達する」。**2** express「～を表現する」, **3** produce「～を生産する」, **4** remove「～を取り除く」。

(6) 解答 1

A「月曜日は何時に出発しましょうか」

B「朝の 5 時半に出発しよう。ラッシュアワーを避けるようにした方がいいからね」

解説 「ラッシュアワーを避ける」の意味になると考えて, **1** の avoid を選ぶ。なお, avoid は動名詞を目的語にとり, avoid *doing* で「～することを避ける」の意味。**2** keep「～を保つ」, **3** hurry「急ぐ」, **4** run「走る」。

(7) 解答 3

A「おはよう, エイミー。眠そうだね」

B「眠いわ。夜更かしの癖が抜けないのよ」

解説 エイミーが眠そうなのは夜更かしの癖が抜けないからだと考えて, **3** を選ぶ。the habit of staying up late で「夜更かしの習慣」, get out of ～ は「(癖など) から抜け出す」。**1** condition「状態」, **2** action「行動, 働き」, **4** deed「行為」。

(8) 解答 1

「ケイトは, 父親が自分と音楽家のボーイフレンドとの結婚を許してくれたので, とてもうれしかった」

解説 ケイトがうれしかったのはボーイフレンドとの結婚を許してもらったからだと考えて, **1** を選ぶ。〈allow + O (人) + to *do*〉で「O (人) が～するのを許す」の意味。**2** remember「～を覚えている」, **3** notice「～に気がつく」, **4** suggest「～を提案する」。

(9) 解答 2

「先週の土曜日はイブリンの両親の結婚 20 周年記念日だった。彼らは一緒に特別な夕食を食べに出かけた」

解説 Evelyn's parents' 20th wedding (　　　) が「イブリンの両親の結婚 20 周年記念日」という意味になるように, **2** の anniversary を選ぶ。anniversary は「記念日」で, wedding anniversary は「結婚記念日」。**1** festival「祭り」, **3** exhibition「展覧会」, **4** foundation「創立」。

(10) 解答 **2**

A「今度の水曜日に名古屋支店から来るスタッフとの会合**の準備をし**てほしいんですが」

B「わかりました。できるだけ早く彼らと連絡を取ります」

解説 a meeting「会合」を目的語にとって自然に意味が通じるのは，**2** の arrange「～の手はずを整える，準備をする」。**1** twist「～をねじる」，**3** trust「～を信用する」，**4** deliver「～を配達する」。

(11) 解答 **1**

A「もう 2，3 分待ってもらえないかしら，ジム」

B「いいよ，**ごゆっくり**。急いでいないから」

解説 Take your time. は「ごゆっくり（どうぞ）」という意味で，会話でよく使われる。なお，Do [Would] you mind *doing* ...?「～していただけませんか」は直訳すれば「～するのを気にしますか」という意味なので，「いいですよ」は No.（気にしません，構いません）で答えることにも注意しよう。

(12) 解答 **2**

「サムの両親は彼に医者になってほしかったが，彼は両親の望み**に反し**，画家になった」

解説 両親は医者になってほしかったが，サムは画家になったということなので，「両親の望みに反した」という内容になるように，**2** を選ぶ。go against ～ は「～に逆らう，反する」という意味。**1** get over ～「～を克服する」，**3** take over ～「～を引き継ぐ」，**4** go through ～「(困難など) を経験する」。

(13) 解答 **1**

「警察は，ビルがその強盗事件**と何らかの関係があった**と確信している」

解説 have something to do with ～ で「～と何か関係がある」。ちなみに，「～と無関係である」は have nothing to do with ～ である。

(14) 解答 **4**

A「今日はすごく暑いね！　泳ぎに行こうよ」

B「悪いけど，今日は出かける**気分になれ**ないのよ。頭痛がするの」

解説 空所の後に going という動名詞が続いていることに注意する。正解は **4** で，feel like *doing* で「～したい気がする」。**1** put on ～「～を身につける」，**2** head for ～「～に向かう」，**3** take after ～「～に似ている」。

(15) 解答 1

A「私のためにあなたの名前と住所を書き留めてくださいますか」

B「はい。お互いに連絡を取り合うようにしましょう」

解説 直後に your name and address があることに着目する。write down ～は「(名前など) を書き留める, 記録する (= put down)」の意味で, **1** が正解。keep in contact [touch] with ～「～と連絡を取り合う」もおさえておこう。

(16) 解答 4

「マイクはアメリカで勉強することを考えていたが, 最後になって気が変わった」

解説 in the end は「最後には, 結局 (= at last, after all)」の意味。反対は in the beginning「最初は」。なお, change *one's* mind は「気が変わる」という意味である。

(17) 解答 4

「概して, ダニエルは甘いものは何でも嫌いだが, 自分の誕生日には何とケーキを丸ごと平らげた」

解説 as a rule は「概して, 普通は (= generally, usually)」という意味。類義表現に on the whole「概して, 全体的には」がある。he did eat (did は強く発音) の did は強調を表している。

(18) 解答 2

「スーザンは, 大阪にいたとき, よくおばに会いに行ったものだった」

解説 「よく会いに行ったものだった」という意味になると考えて, **2** を選ぶ。助動詞 would には, しばしば often を伴って「(よく) ～したものだった」という過去の習慣を表す用法がある。

(19) 解答 2

A「ニューヨークに引っ越すかどうか決めたの, ヘレン?」

B「いいえ, まだよ。まだ考えているところなの」

解説 whether は「～かどうか」という意味で名詞節を導く。**3** の if も同じ意味で使えるが, 直後に or not が付くのは whether の場合のみ。

(20) 解答 2

A「またあなたを待たせてしまってごめんね」

B「いいんだ。僕もちょうどここに来たところだよ」

解説 〈keep + O + *doing*〉で「O を～ (という状態) にしておく」という意味

になる。I'm sorry to have kept you waiting.「お待たせしてすみません」は頻出の口語表現である。

2

(21) 解答 4

A「すみません。助けていただけますか」
B「もちろんですよ。何をしましょうか」
A「これの使い方を教えてもらえますか」
B「自動販売機ですか。ただお金をここに入れれば，缶が下から出てくるはずですよ」
1 ショッピングモールへの行き方
2 あなたはどの飲み物が好きか
3 私はどこに行くべきか
4 これの使い方

解説　空所直後でBがThe vending machine?「自動販売機ですか」と言って，その後でその使い方を説明しているので，正解は**4**。

(22) 解答 4

A「もしもし，ジョン？　メグよ。どこにいるの？」
B「ごめん，メグ。道が渋滞しているから，遅れるよ」
A「どうしたの？　事故か何かあったの？」
B「いや。道路工事をしているんだ」
1 道路が工事中なんでしょう？
2 理由を教えてくれますか。
3 パーティーに遅れるわよ。
4 事故か何かあったの？

解説　Bは直後の発言で「いや。道路工事をしているんだ」と答えているので，それに自然につながるのは**4**。

(23) 解答 3

A「昨夜見た映画はどう思った？」
B「本当に良かったよ。君はどう？」
A「退屈だと思ったよ，単なるコンピュータグラフィックスでしかないし」
B「そう，僕はとても楽しいと思ったよ。僕はコンピュータグラフィックスに興味があるんだ」

1 素晴らしいと思ったよ

2 それを見ていないよ

3 退屈だと思ったよ

4 また見たいよ

解説 nothing but computer graphics「コンピュータグラフィックスにすぎない」という表現から，A がこの映画に対して否定的な印象を持ったことが推測できるので，正解は **3**。nothing but 〜 は「〜だけ，〜にすぎない」という意味である。

(24)(25)

A「元気かい，ヘレン？」

B「元気よ，ありがとう。**休暇でどこかへ行っていたの？**」

A「いや，会社で忙しくしていたよ。でも，来週休暇をとるつもりなんだ」

B「どこに行くの？」

A「オーストラリアだよ」

B「いいわね。**1 人で行くの？**」

A「いいや，家族を連れて行くんだ」

B「うらやましいわ！　とにかく，楽しんできてね」

(24) 解答 2

1 今，とても忙しそうね。

2 休暇でどこかへ行っていたの？

3 休暇に何をするつもりなの？

4 調子はどう？

解説 男女が休暇について話をしている場面。直後の応答が No で始まり，「いや，会社で忙しくしていたんだ」と答えているので，正解は **2**。

(25) 解答 4

1 泳ぎに行くつもりなの？

2 ご家族と一緒に行きたいの？

3 奥さまはご存じなの？

4 1 人で行くの？

解説 空所直後で A が No と応答していることに注目しよう。空所には，「家族と一緒に出かける」とは反対の内容の問いかけがくることになる。よって **4** が正解。

3A

訳 ヒロシの水泳

ヒロシは泳ぐことが大好きである。小学生のころ，オリンピックでの水泳選手の泳ぎを見て感動し，スイミングスクールに通い始めた。毎週一生懸命に練習した。彼は自分の小学校で**一番速く泳げるようになった**。両親も彼が小学校で泳ぎが一番うまくなったと聞いて喜んだ。

ヒロシは中学校に入ると学校の水泳部に所属した。自分が一番泳ぎが速いだろうと思っていたが，クラスメートのジュンの方が彼よりもずっと速かった。ジュンはみんなの関心の的となり，ヒロシは泳ぎに対する自信とやる気を失った。ある日，家族と一緒にプールに出かけた。彼は何も考えずに泳いでいた。すると自分は**泳ぎが本当に大好きだ**ということに気づいた。その後，ヒロシは水泳部での練習とジュンとの競争を楽しめるようになった。

(26) 解答 **1**

1 一番速く泳げるようになった
2 クラス委員長になった
3 勉強に集中した
4 プールの掃除をした

解説 空所直前に He practiced hard every week.「彼は毎週一生懸命に（水泳を）練習した」とあるので，その結果どうなったのかを考える。正解は **1** で，小学校で一番速く泳げるようになったのである。次の文に出てくる he had become the best swimmer in his school「学校で泳ぎが一番上手になった」もヒントになる。

(27) 解答 **4**

1 冷たい水が好きではなかった
2 部活をやめたくなった
3 泳ぎ方を忘れてしまった
4 泳ぐことが本当に大好きだった

解説 「何も考えずに泳いでいると，～に気づいた」という文脈で，直後に After that, he came to enjoy practicing at the swimming club and competing with Jun.「その後，水泳部での練習とジュンとの競争を楽しめるようになった」とあるので，正解は **4**。

3B

訳 ソフトボール

ソフトボールは野球の屋内版としてアメリカで生まれた。1895 年に，消防士のルイス・ソーバーが，消防士たちが自由時間に屋内で楽しめるゲームとしてソフトボールを始めた。今日それは，多くの変遷を経て，**世界中でプレーされている**。1996 年にソフトボールは女子の競技としてオリンピックの公式種目となり，その年にアメリカチームが金メダルを獲得した。

ソフトボールと野球は多くの点で似ている。両方とも，それぞれ 9 人の選手がいる 2 チームによって，バットとボールを用いてダイヤモンドでプレーされる。しかしながら，ソフトボールは野球より小さなダイヤモンドでプレーされ，ボールはもっと重くて大きく，バットはより軽く，試合は野球の 9 イニングに対して 7 イニングで行われる。おそらく**最大の違い**は，投手がボールを投げる方法である。野球では普通，ボールをオーバースローで投げるが，ソフトボールではボールをアンダースローで投げなければならない。

ソフトボールは，観戦するよりも実際にプレーするためのゲームとして考え出されたので，考案されるとすぐに人気を博した。しかしながら，数年間はあまりしっかりと体系化されていなかったし，公式の競技名もなかった。それはダイヤモンドボールとか，インドア・アウトドアとか，レクリエーションボールとか，プレーグラウンドボールなどと呼ばれていた。1908 年に全米アマチュアプレーグラウンドボール協会が組織され，そのゲームを屋外スポーツとして推進し，ルール作りを進めていくことになった。1926 年に「ソフトボール」という名称が付けられたが，その名称は 1933 年まで公式なものとはならなかった。しかしながら，現代のソフトボール用のボールは**野球用のボールと同じくらい硬い**ので，「ソフト（柔らかい）ボール」という用語は，実はもはや実態にそぐわないのである。

(28) 解答 3

1 とても危険だと考えられている

2 主に小さな子供たちによって楽しまれている

3 世界中でプレーされている

4 1900年代よりも人気がなくなっている

解説 ソフトボールは1895年にルイス・ソーバーによって消防士が余暇に楽しむ屋内ゲームとして始められ,「今日, 多くの変遷を経て, それは～」という文脈なので, 正解は**3**。直後に1996年にソフトボールがオリンピック公式種目となったとあることからも, それが世界中に広がったことがわかる。

(29) 解答 4

1 同じ失敗

2 共通のルール

3 類似したこと

4 最大の違い

解説 空所前では, ダイヤモンドの大きさ, 使用されるボールとバット, イニング数など, ソフトボールと野球の違いが説明されている。そして, 空所直後に「野球では普通, (投手は) ボールをオーバースローで投げるが, ソフトボールではアンダースローで投げなくてはならない」とある。これが野球とソフトボールの「最大の違い」とすれば文意が通るので, **4**が正解。

(30) 解答 4

1 野球用のボールよりも柔らかい

2 テニスのボールよりも大きい

3 歴史上一番柔らかい

4 野球用のボールと同じくらい硬い

解説 「ソフトボール」という用語がなぜ「もはや実態にそぐわない (not really true anymore)」のかを考えると, **4**の「野球用のボールと同じくらい硬い」を選ぶのが最適だとわかる。他の選択肢ではその理由にはならない。

4A

訳

差出人：ヘンリー・スミス
受取人：カオリ・ハタ
日付：6月12日
件名：私たちの市へようこそ

カオリへ
妻のジェニーと，私，ヘンリー・スミスはあなたのアメリカ滞在中のホストファミリーになって喜んでいます。私たちは2人とも62歳で，南アフリカの出身です。私たちは若いときに8年間東京で暮らし，1989年からはずっとアメリカに住んでいます。私は服飾デザイナーをしていて，自分の事務所に8人のスタッフを抱えています。ジェニーは半ば仕事を引退しているので，彼女が家事を切り盛りしています。彼女は良い主婦です。
私たちはウィスコンシン州の州都である人口約40万人のマディソンに住んでいます。マディソンはシカゴの142マイル北西に位置し，いくつかの美しい湖やミシシッピ川が近くにあります。旅行者の多くがウィスコンシン州の州議会議事堂や州立歴史博物館を訪れます。夏の気候はかなり暖かいですが，冬は非常に寒くなります。昨日，マディソンのビデオと，ジェニーと私が写った写真を航空便であなたに送りました。
ところで，もしあなたのご家族があなたの滞在中にマディソンを訪れることをご希望なら，どうぞ私たちのところにお泊まりください。市内を見て回ることもできますし，こちらの素敵なレストランを巡って一緒においしい地元の料理を食べることもできます。ご両親がこのアイデアをどうお考えになるか知らせてくださいね。
それでは。
ヘンリー・スミス

(31) 解答 2

「ヘンリーとジェニーについて，どれが正しいですか」
1 1989年から東京に暮らしている。
2 カオリのホストファミリーになる予定である。
3 同じ事務所で働いている。

4 南アフリカを訪問するつもりである。

解説 第1段落第1文に are pleased to be your host family during your visit to America「あなたのアメリカ滞在中にあなたのホストファミリーになれてうれしい」とあるので, 正解は **2**。**1** は, 1989 年からはアメリカに住んでいるので不適。**3** は, 妻のジェニーは半ば退職していて今は主婦だと言っているので不適。**4** は, 南アフリカは彼らの出身地だとあるだけなので不適。

(32) 解答 4

「ヘンリーが言うことには」

1 マディソンは南アフリカで最大の都市の1つである。

2 多くの人が写真を撮りにマディソンに来る。

3 マディソンの気候は1年を通じて穏やかである。

4 マディソンにはいくつかの美しい湖がある。

解説 第2段落第2文の後半に has access to several beautiful lakes and the Mississippi River「いくつかの美しい湖とミシシッピ川に近い (へのアクセスがある)」とあるので, 正解は **4**。気候については, 冬は非常に寒いとあるので, **3** は不適。

(33) 解答 2

「ヘンリーは何をするように提案していますか」

1 レストランで地元の料理を調理すること。

2 カオリの家族と一緒に市を見て回ること。

3 妻と一緒にカオリの家を訪問すること。

4 カオリの両親にどんな食べ物が好きか聞くこと。

解説 第3段落では, カオリの両親の来訪についてヘンリーの提案が書かれている。第2文に We can take a tour around the city.「市内を見て回ることができる」とあるので, 正解は **2**。**1** は, レストランに行くことは提案しているがそこで料理をすることは提案していないので不適。

4B

訳　時間を計る

私たちは毎日時間について話している。私たちはそれを秒，分，時間，日，週，月，年という単位で計っている。しかし，時間とは何だろうか。誰もそれが何であるかを正確に言うことはできない。それは私たちの生活における最大の謎の1つである。時間が何であるか正確にはわからないが，私たちが時間を計る能力は非常に重要である。時間のおかげで私たちの生活様式が可能となっている。1つの集団にいるすべての者が同じ方法で時間を計らなければならない。時間のおかげで私たちは物事を一定の順序で行うことができるのだ。私たちは朝食は昼食の前にあることを知っている。子供たちは学校が終わるまで遊べない。時間のおかげで私たちは生活を順序立てることができるのである。

初期の人々は周囲の変化を見ていた。彼らは昼と夜，月の満ち欠け，季節の移り変わりを観察した。彼らはこれらの変化により生活を計り始めた。次に人々は時計を発明し始めた。紀元前11世紀に中国人が水時計を発明したと言われている。水が，ある容器から別の容器にしたたり落ちることで，時の経過を計ったのである。

私たちが知っているような時計は，ヨーロッパで13世紀から14世紀の間に開発された。1600年代の終わりに，人々は分単位まで正確な置き時計や懐中時計を手にした。美しく，非常に複雑な可動部品が備わっているものもあった。1時間ごと，または15分ごとに動く人や動物の像をあしらったものもあった。音楽を奏でるものもあった。これらの時計を開き，その部品の動きを見るとそれは非常に美しい。

国が違えば，人々の時間に対する考えも異なる。ある国では，遅刻をせず，正確な時間に基づいてすべてが計画されることがとても重要である。別の国では，人々は時間に関してもっとおおらかである。実際に，もしあなたが時間に正確に行動した場合，そういった国の人々はそれを無礼だと思うかもしれない。時間についての自分の考え方が常に他の人にも当てはまるとは限らないと知ることは重要である。

(34) 解答 2

「時間のおかげで私たちが可能であることは」

1 身の回りの謎を解く。

2 生活を順序立てる。

3 今何時であるのか話す。

4 毎日朝食を食べる。

解説　第 1 段落第 9 文で Time lets us put things in a definite order.「時間のおかげで，物事を一定の順序で行うことができる」とあることから，**2** が正解。ここでの order は「順序」という意味である。

(35) 解答 1

「初期の人々はどのようにして生活を計り始めましたか」

1 周囲の変化によって。

2 水時計を発明したことによって。

3 水のしたたりによって。

4 木材で道具を作ることによって。

解説　第 2 段落の初めの 3 文の内容から正解は **1**。最初の 2 文で周囲の変化についての説明があり，第 3 文で They started measuring their lives by these changes.「これらの変化によって生活を計り始めた」とある。**2**，**3** は，第 2 段落後半に出てくる中国の水時計に関する説明なので，不適。

(36) 解答 4

「1600 年代の終わりに何が起こりましたか」

1 ヨーロッパの人々が時計を使って音楽の演奏を始めた。

2 いくつかの時計は以前ほど美しくなくなった。

3 ほとんどの人々が可動部品の作り方を学んだ。

4 とても正確な時計が手に入るようになった。

解説　質問文にある in the late 1600s は，第 3 段落第 2 文冒頭に出てくる。その直後に people had clocks and watches that were accurate to the minute「人々は分単位まで正確な時計や懐中時計を手にした」とあるので，正解は **4**。

(37) 解答 2

「私たちが知る必要があることは」

1 さまざまな国の人々と一緒にいるとゆったりとした気分になれる。

2 時間に正確に行動すると無礼になることがある。

3 どんな国でも物事を順序立てる必要はない。

4 時間に正確であることは世界中で常に重要である。

解説　第 4 段落では，時間の認識が国により異なることが述べられている。第 4 文に people there might consider it rude if you are exactly on time「そこの人々は時間に正確であると無礼だと考えるかもしれない」とあるので，正解は **2**。

5

QUESTIONの訳

あなたは今後人々が年賀状を送るのをやめると思いますか。

解答例①

I think people will stop sending New Year's cards in the future. This is because sending emails instead of cards is much easier. People can send messages quickly with their smartphones. Also, many people now post their photos on SNS sites. That means people can always tell their friends how they are doing, so they don't need to send cards. (60語)

解答例①の訳

私は今後人々は年賀状を送るのをやめると思います。これは，はがきの代わりにメールを送る方がずっと簡単だからです。スマートフォンで即座にメッセージを送ることができます。また，今は多くの人がSNSのサイトに自分の写真を投稿しています。つまり，いつも友人たちに自分がどうしているのかを知らせることができるので，年賀状を送る必要がありません。

解答例②

I don't think people will stop sending New Year's cards in the future. First, many people like sending cards. For example, I enjoy exchanging cards with my friends on New Year's Day. Second, it is important to keep Japanese culture. We should hand down this tradition to our future generations. Therefore, people will continue to send New Year's cards.

(59語)

解答例②の訳

私は今後人々が年賀状を送るのをやめるとは思いません。まず，カード［はがき］を送るのが好きな人が多いからです。例えば，私はお正月に友達と年賀状を交換して楽しんでいます。次に，日本文化を継承することは重要だからです。私たちはこの伝統を未来の世代に引き継ぐべきです。したがって，人々は年賀状を送り続けることでしょう。

解説 まず，質問に対して「そう思うか（Yes)，そう思わないか（No)」の立場を，

I think .... または I don't think .... を用いて表す。解答例①では年賀状を送る習慣はなくなると考えて Yes. の立場を，解答例②ではなくならないと考えて No. の立場を選んでいる。

解答例①では 1 つ目の理由を This is because ～「これは～だからです」で導入して，メールを送る方がはがきよりもずっと手軽であると指摘した。さらにその補足説明として，スマートフォンでメッセージを即座に送れると書いた。2 つ目の理由は Also「また」で始めて，最近では SNS に自分の写真を投稿する人が多く，そのため自分の近況を年賀状で知らせる必要はないと論じた。

解答例②では，1 つ目の理由として，まず，「カード［はがき］を送るのが好きな人が多い」と一般的に述べた後で，For example「例えば」という接続表現に続けて，自分の経験を書いてその根拠とした。2 つ目の理由は Second「2 番目に」で導入して，年賀状の文化的な側面に着目して，「日本の文化を継承することは重要だ」とした。さらにその次の文では「この伝統を次の世代に引き継ぐべきだ」とその内容をさらに発展させた。

まとめの文については，解答例①では制限語数の関係で省略されている。このように，まとめの文は省略することも可能である。解答例②では「年賀状を送るのをやめない」という文を「年賀状を送り続ける」と言い換えて continue to send New Year's cards とした。基本的にまとめの文は冒頭の意見の部分と同じ内容になるが，できるだけ表現を変えて，表現にバラエティをもたせられるとより良いだろう。